Ute Frank

# Perfekt ist mir nicht gut genug

Mein Weg zu mehr Selbstliebe mit Yoga und ätherischen Ölen

# Perfekt
# ist mir nicht gut
# genug

Ute Frank

**Impressum**

Bibliografische Information der Deutschen Nationalbibliothek:
Die Deutsche Nationalbibliothek verzeichnet diese Publikation
in der Deutschen Nationalbibliografie; detaillierte
bibliografische Daten sind im Internet über http://dnb.dnb.de
abrufbar.

© 2023  Ute Frank

Herstellung und Verlag: BoD – Books on Demand,
Norderstedt

ISBN: 978-3-7412-8593-6

*Für Brigitte, Diana und Nadine
und alle wundervollen Frauen in meinem Leben*

# Inhalt:

| | |
|---|---:|
| **Prolog** | **9** |
| **Einführung** | **15** |
| Ätherische Öle | 18 |
| Wie kam ich zu den ätherischen Ölen? | 18 |
| Was versteht man unter Aromatherapie? | 21 |
| Wie wirken ätherische Öle? | 22 |
| Anwendung | 23 |
| Auswahl | 23 |
| 1. Zitrone (Lemon) das Öl der Konzentration | 24 |
| 2. Lavendel - das Öl der Kommunikation | 27 |
| 3. Pfefferminze (Peppermint) - das Öl des lebhaften Herzens | 29 |
| 4. Teebaum (melaleuca) - das Öl des energetischen Schutzes | 31 |
| 5. Weihrauch (Frankincense)- das Öl der Wahrheit | 33 |
| 6. Oregano - das Öl der Verletzlichkeit und des nicht anhaftens, außerdem das Öl der Demut | 36 |
| Yoga | 39 |
| **VERTRAUEN** | **40** |
| **AUTHENTISCH SEIN** | **52** |
| **REIFE** | **64** |
| **EHRLICHKEIT** | **73** |
| **SELBSTLIEBE** | **77** |

1. Vergleich dich nicht mit anderen — 82
2. Nutze den Alltag um freundlich zu dir zu sein — 84
3. Lerne dich von anderen abzugrenzen — 88
4. Spüre die Fülle in dir — 90
5. Tu dir etwas Gutes — 91
6. Das Herzchakra — 93
7. Beginne Deinen Tag mit positiven Affirmationen — 97
8. Finde jeden Tag etwas, mit dem du an dir zufrieden bist — 101
9. Gönn dir etwas — 102
10. Führe ein Tagebuch über deine Gefühle — 103
11. Nimm Hilfe an — 104
12. Dankbarkeit — 104
13. Kreativität — 107
14. Selbstfürsorge — 108
15. Fokussiere dich auf deine Stärken — 109
16. Auszeiten — 109
17. Akzeptiere was ist! — 110
18. Mach keinen Wettbewerb daraus — 111
19. Mache es einfach — 115
20. Erschaffe dir einen Kraftort — 116
21. Feiere dich — 116
22. Stehe zu deinen Wünschen und Bedürfnissen — 117
23. Sei dein eigener Selbstwert-Coach — 117
24. Behandle dich einen Tag wie eine Königin — 118

| | |
|---|---|
| 25. Maitri - liebende Güte | 118 |
| **BESCHEIDENHEIT** | **128** |
| **BEWUSSTHEIT** | **132** |
| **HERZENSWEISHEIT** | **136** |
| **DAS IST DAS LEBEN !** | **142** |
| **Epilog: Das perfekte Herz** | **143** |
| Glossar | 147 |
| **Weitere Bücher der Autorin Ute Frank** | **149** |
| **Links:** | **150** |

# Prolog

Schön, dass DU da bist und diese Zeilen hier liest. Wenn wir uns vielleicht auch (noch) nicht persönlich kennen, so möchte ich doch die vertrauliche Form des "du" wählen, da wir mit Sicherheit eines gemeinsam haben: Den Wunsch, perfekt zu sein, alles richtig zu machen. Dies führte bei mir zu ungesundem Druck, welchen der Körper mir vielfach widerspiegelte. Damit es mir dauerhaft gut gehen kann, durfte ich lernen, mich selbst wieder zu lieben und meine Grenzen zu achten, wodurch dieses Buch entstanden ist. Dass ich nicht die einzige bin, der es so geht, merkte ich nicht zuletzt auch, als ich nachfolgenden Text von Julia Roberts im Internet fand:

*"Perfektion ist eine Volkskrankheit. Wir verdecken unsere Gesichter mit Schminke. Wir lassen uns mit Botox behandeln und hungern, um die perfekte Figur zu erreichen. Wir versuchen etwas zu verbessern, aber wir können nicht verbessern, was*

*wir nicht sehen. Es ist die Seele, die geheilt werden sollte. Die Zeit ist da, um innezuhalten.*

*Wie kannst Du von anderen erwarten, dass sie Dich lieben, wenn Du Dich selbst nicht liebst?*

*Du solltest zufrieden mit Dir selbst sein. "Es ist egal, wie Du aussiehst, denn es ist nur das Innere, was wirklich zählt...♡.."*

*Julia Roberts, danke (gefunden am 7.1.23 bei Euler-coaching / Facebook)*

Kennen wir nicht alle diese Volkskrankheit zur Genüge? Das endlose Streben nach Perfektion? Vielleicht kommt dies daher, dass durch die modernen Medien Wünsche und Bedürfnisse und somit auch Bilder in uns geweckt werden, die wir ohne deren Existenz gar nicht hätten, geschweige denn kennen würden. Es fühlte sich für mich an, als wäre ich in einem Hamsterrad gefangen. Je mehr ich mich bewege, desto schneller dreht es sich. Wie aber aussteigen? Die folgenden Sätze in diesem Text versprechen eine Lösung:

" *Die Zeit ist da, um innezuhalten.*"

und weiter:

*"Wie kannst Du von anderen erwarten, dass sie Dich lieben, wenn Du Dich selbst nicht liebst?"*

Innehalten, lernen, mich selbst zu lieben, genau so wie ich bin. Und so wieder in Kontakt mit mir zu kommen, aufhören immer noch besser und perfekter sein zu wollen. Warum? Weil Du und ich bereits gut genug sind. Zu viel Perfektionsstreben führt zu unnötigem Druck und in Folge daraus zu Fehlern. Und rate mal, was dann passiert? Genau daraus resultiert noch mehr Druck, dem wir irgendwann nicht mehr standhalten können. Was sollten wir also tun?

Meiner Ansicht nach sollten wir lernen, uns wieder selbst zu lieben und wertzuschätzen. Was daraus alles entstehen kann, hat uns Charlie Chaplin (laut mehreren Quellen im Internet) in wundervollen Worten hinterlassen:

## Als ich mich selbst zu lieben begann

Als ich mich selbst zu lieben begann, habe ich verstanden, dass ich immer und bei jeder Gelegenheit zur richtigen Zeit am richtigen Ort bin und dass alles, was geschieht, richtig ist, von da an konnte ich ruhig sein. Heute weiß ich: Das nennt man VERTRAUEN.

Als ich mich selbst zu lieben begann, konnte ich erkennen, dass emotionaler Schmerz und Leid nur Warnungen für mich sind, gegen meine eigene Wahrheit zu leben. Heute weiß ich: Das nennt man AUTHENTISCH SEIN.

Als ich mich selbst zu lieben begann, habe ich aufgehört, mich nach einem anderen Leben zu sehnen und konnte sehen, dass alles um mich herum eine Aufforderung zum Wachsen war. Heute weiß ich, das nennt man REIFE.

Als ich mich selbst zu lieben begann, habe ich aufgehört, mich meiner freien Zeit zu berauben, und ich habe aufgehört, weiter grandiose Projekte für die Zukunft zu entwerfen. Heute mache ich nur das, was mir Spaß und Freude macht, was ich liebe und was mein Herz zum Lachen bringt, auf meine eigene Art und Weise und in meinem Tempo. Heute weiß ich, das nennt man EHRLICHKEIT.

Als ich mich selbst zu lieben begann, habe ich mich von allem befreit, was nicht gesund für mich war, von Speisen, Menschen, Dingen, Situationen und von Allem, das mich immer wieder hinunterzog, weg von mir selbst. Anfangs nannte ich das Gesunden Egoismus, aber heute weiß ich, das ist SELBSTLIEBE.

Als ich mich selbst zu lieben begann, habe ich aufgehört, immer recht haben zu wollen, so habe ich mich weniger geirrt. Heute habe ich erkannt: das nennt man BESCHEIDENHEIT.

Als ich mich selbst zu lieben begann, habe ich mich geweigert, weiter in der Vergangenheit zu leben und mich um meine Zukunft zu sorgen. Jetzt lebe ich nur noch in diesem Augenblick, wo ALLES stattfindet, so lebe ich heute jeden Tag und nenne es BEWUSSTHEIT.

Als ich mich zu lieben begann, erkannte ich, dass mich mein Denken armselig und krank machen kann. Als ich jedoch meine Herzenskräfte anforderte, bekam der Verstand einen wichtigen Partner. Diese Verbindung nenne ich heute HERZENSWEISHEIT.

Wir brauchen uns nicht weiter vor Auseinandersetzungen, Konflikten und Problemen mit uns selbst und anderen fürchten, denn sogar Sterne knallen manchmal aufeinander und es entstehen neue Welten. Heute weiß ich: DAS IST DAS LEBEN !

(Charly Chaplin an seinem 70. Geburtstag, 16. April 1959)

# Einführung

Nimm dir einen Moment Zeit, um über den vorangegangenen Text nachzudenken. Es steckt so viel Wahres darin. Wenn du dieses Buch liest, verbindet uns das Verlangen perfekt zu sein, besser, größer, schöner, beliebter,... als die anderen.

Warum ist das so? Was treibt Menschen wie dich und mich an immer mehr, immer höher, immer weiter hinaus zu wollen? Perfekt zu sein. Uns nicht zufriedengeben, wenn etwas "nur" gut ist.

Ziehen wir uns in die Natur zurück und betrachten die Welt um uns herum, stellen wir schnell fest, dass kein Baum kerzengerade nach oben wächst. Im Gegenteil, Stamm, Zweige und Äste bilden weiche und geschwungene Linien. Wollte man sie mit einem Lineal nachfahren, würde man scheitern. Genau diese Form macht einen Baum erst schön und einzigartig.

Wir alle wissen dies und streben dennoch weiter falschen Idealen hinterher, sind damit das

Gegenteil von dem, was Charly Chaplin in seiner Rede beschreibt. "Keinesfalls authentisch".

Niemand von uns kann das Leben eines anderen führen, bei näherem Betrachten unser Idole würden wir das vermutlich auch gar nicht mehr wollen. Wir vergleichen zu viel, wollen alles für andere perfekt erledigen und vergessen dabei die wichtigste Person im eigenen Leben - uns selbst. **Wenn du nicht für dich sorgst, wer soll es dann tun?**

Bist Du bereit, gut für dich zu sorgen?

Dann komm mit mir auf meinen Weg zu mehr Selbstliebe. Begleiten werden uns nicht nur der Text von Charly Chaplin, sondern auch verschiedene Yogahaltungen (Asanas) und ätherische Öle.

Zu verlieren gibt es nichts - gewinnen kannst du jedoch unendlich viel. Die Liebe zu dir und deinem Leben, liebevolle Beziehungen und vielleicht sogar ein Beitrag für mehr Frieden in der Welt. Warum ich dir das Versprechen kann? Wenn es dir gelingt, dich selbst zu lieben und anzunehmen, wie du bist, wirst du aufhören, dich mit anderen zu vergleichen und zufriedener beziehungsweise dankbarer zu sein, für das, was du bereits hast.

Neid und Missgunst werden dir fremd werden. Empathie und Freude an allem, was ist, werden dafür Einzug halten. Probiere es aus, es lohnt sich!

Starten möchte ich nun mit einer kleinen Einführung zu den ätherischen Ölen und Yoga. (Solltest du mit beiden schon Erfahrung haben, kannst du diesen Teil gerne überspringen)

## Ätherische Öle

Wie kam ich zu den ätherischen Ölen?

2006 begann ich eine Ausbildung zur Wellnesstherapeutin. Im Bereich Entspannung war ein großes Feld der Aromatherapie gewidmet. Da ich schon immer Düfte sehr intensiv wahrnahm, bildete ich mich deshalb zusätzlich in diesem Bereich fort. Diese Weiterbildung tat mir persönlich sehr gut.

Warum war das so? Das erkläre ich Dir gleich, Am besten machst du erst einmal diese kleine Übung, um deine eigenen Erfahrungen zu machen und dadurch meine Liebe zu ätherischen Ölen besser zu verstehen. Denn Öle muss man meiner Meinung nach auch erfahren und sich nicht nur das Wissen theoretisch aneignen. Lies dir den Text zuerst kurz durch, oder lass ihn dir vorlesen.

**Übung: Lavendel**

Schließe die Augen und denke an Lavendel, idealerweise hast du ein natürliches Lavendelöl oder ein kleines Lavendel-Säckchen vor dir stehen und riechst daran.

Entsteht vor deinem geistigen Auge auch gleich ein Bild der Provence mit seinen wehenden lilafarbenen Lavendelfeldern? So geht es jedenfalls mir, ich liebe Frankreich und dies liegt nicht nur daran, dass mein Heimatort direkt an der französischen Grenze liegt. Viele Urlaube habe ich dort schon verbracht und der Duft von Lavendel führt mich sofort wieder in Erinnerung daran.

Eine weitere Übung mit einem anderen sehr wirkungsvollen ätherischen Öl (trage dieses aber bitte nicht unverdünnt auf den Körper auf, da es ein sogenanntes "heißes Öl" ist):

**Oregano**

Solltest du kein Öl zur Hand haben, an dessen Fläschchen du gerade schnuppern kannst, hast du bestimmt in deiner Küche die Kräuter (frisch oder in getrockneter Form). Rieche einmal daran. Welche Erinnerung wird in dir wach? Sicherlich erkennst du den typischen Geruch von italienischen Gerichten. Pizza, Pasta und all' die

Köstlichkeiten, die du beim Italiener um die Ecke speisen kannst.

💭

Wie waren diese Übungen für dich?

Was hat sich gezeigt?

Welche Gefühle entstanden dabei?

Mir wurde diese Liebe zu den Düften erst richtig in meiner zweiten Yogastunde im Vital-Ja in Sinzheim bewusst. Die Yogalehrerin Diana bot allen Teilnehmern zu Beginn der Stunde das ätherische Öl der wilden Orange an. Dies löste in mir ein unglaubliches Glücksgefühl, ein Gefühl von Kreativität und Freude aus. Ich begann mich nach vielen Jahren nun erneut wieder mit diesen Düften zu beschäftigen und meine Begeisterung kennt seither keine Grenzen.

## Was versteht man unter Aromatherapie?

Man versteht darunter eine einfache Methode, die ätherische Öle verwendet, um vereinfacht ausgedrückt für das Wohlbefinden von Mensch und Tier zu sorgen. Diese Öle sind starke aromatische Substanzen, die in den Zellen bestimmter Pflanzen vorhanden sind. Diese als „Essenz" bezeichnete Substanz nimmt nach der Destillation den Namen „ätherisches Öl" an. Pflanzen nutzen es, um sich vor Fressfeinden zu schützen, bestäubende Insekten anzulocken und aus allen möglichen anderen Gründen, die bis dato noch nicht bekannt sind.

Aktuell gibt es zwischen 200 und 300 ätherische Öle, die auf der ganzen Welt verwendet werden. Die starke Industrialisierung, die im 19. Jahrhundert begonnen hat, ermöglichte es dem Menschen, große Entdeckungen zu machen und insbesondere seine Lebens- und Arbeitsweise zu verbessern. Leider haben ihn diese Fortschritte allmählich von seiner täglichen Beziehung zur Natur entfernt.

Die Wiederentdeckung und allgemein zunehmende Begeisterung für ätherische Öle erklärt sich aus diesem Bedürfnis, sich wieder mit der Natur zu verbinden und die erstaunlichen Vorzüge natürlicher Heilmittel wiederzuentdecken.

Ätherische Öle werden aus der Destillation bestimmter Pflanzenteile gewonnen. Diese Extraktion erfolgt mit einer Brennblase, die meistens aus Kupfer oder Edelstahl besteht. Der unbestreitbare Vorteil ätherischer Öle ist ihr Duft. Es ist dieses „Aroma", aus dem letztendlich der Begriff „Aromatherapie" entstanden ist.

Wie wirken ätherische Öle?

Über den Geruchssinn und weiter über das limbische System aktivieren ätherische Öle im Gehirn Neurotransmitter wie Serotonin oder Endorphin, die beruhigend, entzündungshemmend oder schmerzlindernd wirken können. In nur 17 Sekunden passieren die Öle die Blut-Hirnschranke und sind innerhalb von zwei Minuten im Blut nachweisbar. Auch auf der Haut dringen die lipophilen ätherischen Öle schnell tief in das Gewebe ein und entfalten dort ihre positive Wirkung, benötigen dazu nur etwas mehr Zeit (je nach Körperstelle zwischen 5 und 30 Minuten, Quelle: www.gesundleben-messe.de).

## Anwendung

Anwenden kann man die Öle:

- innerlich (O) oral, zum Beispiel in einem Getränk
- topisch (T), indem man sie auf die Haut aufträgt
- aromatisch (A), durch einatmen, riechen, diffusen.

## Auswahl

Ich nutze hauptsächlich sechs grundlegende reine ätherische Öle, welche in keiner Hausapotheke fehlen sollten. In diesem Buch gebe ich zudem immer auch weitere Anregungen für diejenigen, welche schon Erfahrungen mit ätherischen Ölen haben und gerne mehrere Impulse wünschen.

Nachfolgend stelle ich diese sechs Öle und deren Wirkung auf unser emotionales System kurz vor, damit du immer auf diese Seite zurückgreifen kannst, ohne lange im Buch zu suchen.

### 1. Zitrone (Lemon) das Öl der Konzentration

Botanischer Name: Citrus lemon,
Anwendung: O/T/A

Nicht nur hier meine Nummer 1. Die gesundheitlichen Vorteile des ätherischen Zitronenöls sind wissenschaftlich gut belegt. Zitrone ist am besten bekannt für ihre Fähigkeit, Giftstoffe aus dem Körper zu entfernen, sie aktiviert den Stoffwechsel, balanciert den PH-Wert und kann Entzündungen im Körper reduzieren. Das Öl wird häufig verwendet, um die Lymphe zu stimulieren, die Energie zu regenerieren und die Haut zu reinigen. Es wirkt außerdem erfrischend und reinigend, konzentrationsfördernd und hilft gut gegen lästige Insekten. In vielen Sport- und

Massageölen wird das Öl der Zitrone auch zur Tonisierung der Muskeln verwendet.

Körperlich wirkt es auf Atemwege, Immunsystem, Verdauung und die Haut

Emotionale Wirkung:
Zitronenöl hilft, den spirituellen Körper zu reinigen, so unterstützt es einen Neubeginn jeglicher Art. Das Öl klärt den Geist, gibt Klarheit und fördert kreatives Denken.

Die Zitrone ist ideal, wenn der Kopf sich zu viele Sorgen macht und man sich deshalb zerstreut fühlt. Es hilft, Gefühle der Verwirrung, der geistigen Erschöpfung und der allgemeinen Gefühllosigkeit zu lösen.

Die Zitrone sorgt für Erleuchtung, Kraft und Energie. Sie erfrischt und erhebt, indem sie die negativen Emotionen, die uns zurückhalten, klärt und ausräumt. Während sie den Emotionalkörper unterstützt, wirkt sie besonders auf den Geist und hilft, Klarheit zu schaffen und Verwirrung zu mindern.

Das erfrischende Zitrusöl kann auch dazu beitragen, Schuldgefühle, Selbstzweifel und alle Unsicherheiten, die wir mit uns herumtragen, zu lösen. Es hilft uns, uns von unseren Gefühlen zu trennen und uns konzentrierter und energischer zu fühlen.

Die Zitrone kann uns auch helfen, Angst zu überwinden. Ihre Fähigkeit ist es, Licht in uns zu erzeugen und depressive Gedanken zu minimieren, die uns daran hindern, uns vorwärts zu bewegen. Weiter kann sie uns helfen, aus unserem Trott herauszukommen und uns von negativen Gewohnheiten und Routinen zu lösen, die uns nicht mehr dienen. Sie hilft uns, unsere Kreativität zu steigern und dadurch neue Lösungen und Wege zu finden.

Die Zitrone erfüllt uns mit Zuversicht und Lebensfreude.

In Kürze - Zitrone wirkt:
    Anregend
    Stimmungsaufhellend

Konzentrationsfördernd
Belebend
Vitalisierend

## 2. Lavendel - das Öl der Kommunikation

Botanischer Name: Lavandula angustifolia, Anwendung: O/T/A

Meine Nummer 2, bei deren Geruch ich, wie eingangs beschrieben, sofort das Bild der Provence mit seinen leuchtenden Lavendelfeldern vor mir habe. Das Öl wird seit Jahrhunderten wegen seines unverwechselbaren Aromas und seiner vielfältigen Vorteile verwendet und geschätzt. Schon in der Antike verwendeten die Ägypter und Römer Lavendel zum Baden, Entspannen, Kochen und als Parfüm. Seine beruhigenden und entspannenden Eigenschaften bei der Einnahme sind nach wie vor die bemerkenswertesten Eigenschaften des Lavendels.

Topisch angewendet, wird Lavendel häufig verwendet, um das Auftreten von

Hautunreinheiten zu reduzieren. Aufgrund der vielseitigen Eigenschaften des Lavendels sollte man es unbedingt zu Hause haben, so dass es jederzeit zur Verfügung steht.

Körperliche Wirkung: Ausgleich für Haut, Herz-Kreislauf oder Nervensystem

Emotionale Wirkung

Lavendelöl fördert die innere Ruhe und Heilung. Es hat eine befreiende Wirkung auf unsere Seele, verleiht uns klare Gedanken und hilft uns abzuschalten. Lavendel wirkt emotional ausgleichend und hilft bei Nervosität.

Lavendelöl ist eines der am häufigsten verwendeten ätherischen Öle

In Kürze - Lavendel:
- löst Ängste und besänftigt.
- ist beruhigend und stressabbauend
- ist Stimmungsaufhellend
- Es stärkt die Nerven.
- Es hilft, Spannungen abzubauen.
- gegen Reizbarkeit

- wirkt Unausgeglichenheit entgegen
- hilft bei Stress

### 3. Pfefferminze (Peppermint) - das Öl des lebhaften Herzens

Botanischer Name: Mentha piperita,
Anwendung: O/T/A

Auch dieses Öl kennt jeder. Es wird häufig in Zahnpasta und Kaugummi für die Mundhygiene eingesetzt. Ebenso bei gelegentlichen Magenbeschwerden kann Pfefferminz lindernd wirken. Es unterstützt unsere Atmung und wirkt lindernd bei Schmerzen.

Der bekannte und angenehme Duft von Pfefferminze hilft bei Stress, bringt Ruhe und gleicht aus. Er unterstützt auch die mentale Stärke und Scharfsinnigkeit.

Zusammengefasst Körperliche Wirkung:
auf Atemwege, Haut, Muskeln, Nervensystem, Verdauung

Emotionale Wirkung:

Pfefferminz hilft uns, wenn wir intensive Gefühle wie Verzweiflung, Pessimismus und andere schwere emotionale Schmerzen erleben. Pfefferminzöl ist sehr belebend. Aufgrund der erfrischenden Eigenschaften des Öls kann es bei stressigen Situation, ängstlichen Gefühlen, depressiver Verstimmung und psychischer Erschöpfung helfen. Es kann auch beruhigend und kühlend wirken, um innere Unruhe zu lindern. Das Öl stimuliert bestimmte Teile des Gehirns, was eine erhöhte Konzentration und Revitalisierung ermöglicht und bei Gedächtnisverlust hilft.

Das ätherische Pfefferminzöl fördert auch die Selbstakzeptanz, Lebendigkeit und Vitalität! Pfefferminze kann verwendet werden, wenn man sich gelangweilt, emotional überfordert oder emotional taub fühlt. Pfefferminze ist extrem beruhigend, stärkend und stimulierend und kann während der Prüfungen, in Zeiten, in denen ein hoher Fokus erforderlich ist, und um die Mittagszeit verwendet werden.

In Kürze - Pfefferminze:

- Kräftigt und belebt die Sinne
- Lindert Magenbeschwerden
- Unterstützt die Mundgesundheit

## 4. Teebaum (melaleuca) - das Öl des energetischen Schutzes

Botanischer Name: Melaleuca alternifolia
Anwendung: O/T/A

Teebaum ist ein ätherisches Öl, das hauptsächlich aus der australischen einheimischen Pflanze Melaleuca alternifolia gewonnen wird. Es ist seit mindestens 100 Jahren in ganz Australien weit verbreitet und wird seit über sieben Jahrzehnten in zahlreichen medizinischen Studien dokumentiert.

Im Körper wirkt es auf: Immunsystem, Atemwege, Muskeln & Knochen, Haut, Verdauung

**Emotionale Wirkung**
Teebaumöl ist erfrischend und reinigend. Er hat einen starken, krautigen und holzigen Duft. Es

fördert die mentale Ausgeglichenheit und reinigt Geist und Körper von emotionalen Wunden. Der Duft unterstützt diejenigen, die etwas ruhiger und selbstständiger sein möchten. Teebaumöl kann helfen, negative Aggressionen und unnötigen Einfluss zu vermeiden. Sobald alte Wunden gelöst sind, kann der Körper die Verhaltensmuster, die zu der Wunde geführt haben, ändern.

Teebaumöl ist sehr hilfreich bei Müdigkeit. Das ätherische Öl stimuliert das Gedächtnis, die Wahrnehmungen und die kognitiven Denkprozesse. Wenn diese Sinne stimuliert werden, kommt klareres Denken zum Vorschein.

Er ist dafür bekannt, energetische Belastungen zu beseitigen, hilft uns, negative Bindungen mit anderen zu lösen und unterstützt uns mit gesunden neuen Beziehungen.

Er hilft auch, Schuldgefühle abzubauen und wenn wir uns für die Probleme anderer Menschen verantwortlich fühlen.

In Kürze - Teebaum:

- Stärkt und regeneriert Haar, Haut und Fingernägel
- Reinigende Eigenschaften
- Unterstützt einen gesunden Teint

5. Weihrauch (Frankincense)- das Öl der Wahrheit
   Botanischer Name: Boswellia carterii, papyrifera , frereana und sacra,  Anwendung: O/T/A

Weihrauch gehörte - neben Myrrhe und Gold - zu den Gaben der Könige aus dem Morgenland. Weihrauch galt also schon in früheren Zeiten als kostbares Geschenk – und als Therapeutikum.

Es gilt auch heute noch als das kostbarste ätherische Öl. Weihrauch, der schon im Neuen Testament erwähnt wird, wurde von den Babyloniern und Assyrern in religiösen Zeremonien verbrannt. Die Alten Ägypter nutzen Weihrauch für die unterschiedlichsten Zwecke: z.B. als Parfüm oder als hautpflegende Salbe. Dieses jahrhundertealte Wissen trägt auch heute zu den Verwendungsmöglichkeiten von Weihrauch bei.

Wissenswert:
In der Antike gab es nur wenige Dinge, die wertvoller waren als Weihrauch. Aus diesem Grund wurde Weihrauch oft „flüssiges Gold" genannt und hatte im Handel einen hohen Warenwert.

Weihrauch ist einzigartig, da sein ätherisches Öl in einem gummiartigen Harz enthalten ist. Es muss freigesetzt und entnommen werden, bevor das ätherische Öl destilliert werden kann.

Haupteigenschaften:
- Unterstützt den Aufbau und die Erhaltung eines gesunden Immunsystems
- Unterstützt die Zellgesundheit und -regeneration
- Unterstützt eine normale Entzündungsreaktion
- Sorgt für eine ausgewogene Stimmung
- Reduziert das Auftreten von Narben, Dehnungsstreifen und Anzeichen der Hautalterung

Körperliche Wirkung auf: Immunsystem, Haut, Nervensystem, Herz-Kreislauf, Endokrines System, Verdauungssystem

**Emotionale Wirkung:**
Sie ist in vielen alten und modernen Kulturen als heilige Substanz bekannt. Weihrauchöl ist wunderbar zum Schutz, zur Entgiftung und Reinigung der Aura (energetisches Körperfeld). Es ist schützend, reinigend und erdend zugleich, weshalb es wunderbar für Meditation, Besinnung, Gebet und heilige Zeremonien geeignet ist.

In Kürze - Weihrauch:
- Hilft Ideen in die Wirklichkeit umzusetzen.
- Unterdrückt niedere Gefühle und geistige Finsternis
- Löst Gefühle der geistigen Abtrennung
- Öffnet die Pforten der feinstofflichen Welt.
- Wirkt auf das Nervensystem beruhigend

## 6. Oregano - das Öl der Verletzlichkeit und des nicht anhaftens, außerdem das Öl der Demut

Botanischer Name: Origanum vulgare, Anwendung: O/T/A

Oregano ist ein sehr potentes ätherisches Öl und hat eine Tradition, die Jahrhunderte zurückreicht. Das ätherische Oregano-Öl wird aus den duftenden Blättern der Oregano-Pflanze, Origanum vulgare, gewonnen und hat seinen Weg in Kochbücher und Gewürzschränke in aller Welt gefunden. Der chemische Hauptbestandteil von Oregano ist Carvacrol, ein Phenol, das es zu einem der vielseitigsten und kraftvollsten ätherischen Öle macht. Bei äußerlicher Anwendung sollte Oregano mit einem Trägeröl verdünnt werden.

Körperliche Wirkung auf: Immunsystem, Atemwege, Muskeln & Knochen

**Emotionale Wirkung:**
Die beruhigenden Eigenschaften des Oregano-Öls können den Geist entspannen, die Emotionen ausgleichen und mentale Müdigkeit beseitigen.

Oreganoöl gilt als ideal zur Förderung der Klarheit des Denkens und hat eine lange Tradition in Ritualen und Tränken, um sich vor negativen Energien oder Einflüssen zu schützen.

Es kann einer Person helfen, das Bedürfnis nach Rechtsein zu lösen, den (schädlichen) Stolz zu verringern, nicht hilfreiche Meinungen loszulassen und zu lernen, sich nicht fest an das Unbewusste zu klammern. Dies kann dazu führen, dass eine Person in den Fluss des Lebens und ihrer eigenen spirituellen Praxis eintauchen kann, ohne dass die gewöhnlichen Blockaden wieder im Weg stehen.

Bekannt als das Öl der Demut, wird es uns helfen, bescheiden zu bleiben.

Oregano kann uns auch helfen, Bindungen zu anderen und insbesondere zu materiellen Dingen zu lösen, die uns nicht mehr dienen.

Wenn man Oregano verwendet, fühlt man sich vielleicht dazu ermutigt, eine toxische Beziehung oder einen Job zu verlassen, den man hasst. Oder man hat plötzlich das Bedürfnis, einige schlechte Gewohnheiten zu beenden.

Dieses Öl kann uns helfen, die in der Starre gefangenen Emotionen loszulassen, und es kann uns auch helfen, uns mit unserem inneren Selbst zu verbinden.

## Yoga

Yoga, unser zweites Hilfsmittel auf dem Weg, ist eine jahrtausendealte Tradition, die durch Atem- und Körperübungen, Konzentration und Meditation Körper, Geist und Seele in Einklang bringen möchte. Grundlagen dieser Philosophie sind die Yoga-Sutren, ein Text, der sich unter anderem mit ethischen Regeln, Hindernissen und Stolpersteinen auf dem Weg hin zum eigenen Selbst befasst. Yoga möchte uns zu Liebe und Freiheit führen und einer der wichtigsten Grundsätze, die man leben sollte, ist Maitri, die liebende Güte. Für dieses Buch insbesondere "die liebende Güte mir selbst gegenüber", da Güte bei uns selbst anfängt. Dazu in dem späteren Kapitel mehr.

Über Yoga gibt es viel zu sagen oder zu schreiben, ich fasse mich jedoch nun kurz, den schon Swami Sivananda* sagte: **"1 Gramm Praxis ist besser als 1000 Tonnen Theorie!"** Legen wir los!

Noch kurz die Anmerkung, dass die hier genannten Übungen und Hinweise für gesunde Menschen gedacht sind. Im Zweifelsfall befrage deinen Arzt.

*Als ich mich selbst zu lieben begann, habe ich verstanden, dass ich immer und bei jeder Gelegenheit zur richtigen Zeit am richtigen Ort bin und dass alles, was geschieht, richtig ist, von da an konnte ich ruhig sein. Heute weiß ich: Das nennt man*

## VERTRAUEN

Vertrauen ist die Basis für unsere Selbstliebe. Wenn wir Stabilität in uns selbst finden, uns "selbst vertrauen" fällt es uns leichter, uns zu lieben. Es bildet das Grundgerüst oder Fundament unserer Selbstliebe, da es uns Sicherheit gibt und wir vertrauen können, genau richtig und gut genug zu sein.

Um diese Basis zu stärken, nutzte ich die yogische Lehre der Chakren.

> Exkurs Chakren:
> Chakren sind Energiewirbel, die ihren Sitz entlang der Wirbelsäule haben. Jedes dieser Energiezentren ist einem Organ zugeordnet und schwingt oder dreht sich in einer bestimmten Farbe. Sind alle im Gleichgewicht strahlen sie in reinem, weißen Licht und wir spüren eine positive Energie. Sie beginnen mit dem Wurzelchakra, das unsere Basis symbolisiert. Unterstützen können wir alle sieben Chakren immer auch mit ätherischen Ölen. Speziell zu einem Thema, aber auch mit dem Starterset Lavendel, Pfefferminze und Lemon. Drei unglaublich vielseitige Öle.

1. Chakra (Sanskrit: Muladhara = Wurzel, Stütze)

Das Wurzelchakra ist das erste wesentliche Haupt-Chakra des Körpers, seine Resonanzfarbe ist rot. Es steht in Bezug zum physischen Körper und Ätherkörper und bildet eine wichtige Basis für die Entwicklung des gesamten Chakren-Systems und die spirituelle Evolution. Sein Element ist die

Erde. Es steht in Zusammenhang mit den endokrinen Drüsen des Nervengeflechtes und den Nebennieren. Hier werden die Hormone Adrenalin, Noradrenalin und Aldosteron gebildet. Das Element des Wurzelchakras ist die Erde. Der zugehörige Sinn ist der Geruchssinn.

Das Hauptthema des Wurzelchakras ist Vitalität, Lebenskraft, Sicherheit und Stabilität. Gerade weil es das erste und unterste Chakra ist, ist es von enormer Bedeutung.

Unterstützen können wir es wie folgend:
Alle erdenden Tätigkeiten, also Gartenarbeit und Aufenthalte in der Natur. Yogische Standhaltungen, aber auch Asanas, welche den Bereich des Beckens stärken wie folgend:

Baum:

Komme in den aufrechten Stand, die Füße hüftgelenk breit, parallel. Verlagere dein Gewicht auf den linken Fuß auf die drei Punkte, Kleinzehenballen, Großzehenballen und Fersen. Löse dein rechtes Bein, stelle es entweder auf den linken Fußrist, an Schienbein oder an den Oberschenkel und Führe deine Hönde über dem Kopf zusammen, wie die Krone eines Baumes.

Spüre deine Wurzeln, dein geerdet sein. Zum Auflösen der Haltung führe die Hände vor die Brust, bevor du den Fuß wieder abstellst. Spüre einen Moment nach, bevor du die Seite wechselst. Gehe hier genauso vor.

**Katze /Kuh**
Eine wunderbare Übung, die dich erdet und zudem deinem Rücken gut tut! Komme dazu in den Vierfüßlerstand, die Handgelenke unter den Schultergelenken, Knie unter den Hüftgelenken, ausatmend beginnst du deinen Rücken Wirbel für Wirbel rund zu machen, einatmend kommst du in die Gegenbewegung, die Bewegung beginnt im Becken. Mach dies einige Male und spüre dann in der Haltung des Kindes nach. (Gesäß auf die Fersen, Arme neben den Körper)

## Sufikreise

Beginne im Schneidersitz, deine Knie haben die gleiche Höhe, deine Wirbelsäule ist gerade aufgerichtet, der Scheitelpunkt strebt nach oben Richtung Decke. Werde dir deiner Sitzbeinhöcker, der knöchernen Fortsätze am Becken gewahr und beginne langsam mit geradem Rücken über diese zu kreisen, ohne dass sie sich vom Boden lösen. Wechsle dann die Richtung und kreise entgegengesetzt.

## Schmetterling

Aus dem Schneidersitz heraus, lege die Fußsohlen aneinander und deine Hände auf die Knie. Bewege dann die Knie nach unten Richtung Boden. Mach dies für ungefähr eine Minute. Dieses Asana hat zudem eine positive Wirkung auf den unteren Rücken und den Beckenboden.

## Beckenklopfen

Komme in Rückenlage und stelle die Füße nahe am Gesäß ab. Die Arme liegen neben dem Körper. Beginne dann sanft mit dem unteren Rücken auf die Matte zu klopfen, indem du dein Becken leicht abhebst und wieder senkst.

## Schulterbrücke

Gleiche Ausgangsstellung wie eben. Hier beginnst du dein Becken, Steißbein, Kreuzbein, die Lendenwirbelsäule und weiter Wirbel für Wirbel den gesamten Rücken zu lösen. Komme ebenso langsam und achtsam wieder Wirbel für Wirbel zurück zur Unterlage.

Viel Spaß beim Üben! Bei Fragen schreibe mir gerne: atemmeer@web.de

**Weitere Möglichkeiten zur Stärkung unserer Basis:**
Ebenso können wir dieses Chakra durch Nahrung stärken. Dazu gehören alle erdenden Wurzelgemüse wie: Karotten, Rote Beete, Kartoffeln, Pastinaken, Rettich, Radieschen, Klettenwurzel, Rüben, Kohlrabi. Aber auch Festigkeit vermittelnde Proteine wie: Hülsenfrüchte, Nüsse, Milch, Milchprodukte, Tofu und Sojaprodukte und folgende stärkende Saaten: Kürbiskerne, Pinienkerne, Sesam, Sonnenblumensamen, sowie alle Öle aus den hier genannten Saaten.

Da sein zugeordneter Sinn der Geruchssinn ist, können wir uns hier etwas Gutes mit den ätherischen Ölen tun, indem wir folgende Aromen im Diffuser verströmen: Lavendel, Teebaum und Weihrauch (Nummer 2, 4 und 5 von den sechs wichtigsten Ölen)
und alternativ:
Nelke, Rosmarin, Ingwer, Vetiver, Zypresse, Zeder, und Myrrhe.

## Wie dient uns ein gestärktes Wurzelchakra?

Ein Mensch mit geöffnetem und Wurzelchakra lebt aus einem Gefühl von Sicherheit, Stabilität und Urvertrauen. Er fühlt sich sicher und wohl im Körper und hat die Angst vor dem Leben und körperlichen Erfahrungen verloren. Er hat eine innere Stabilität und Sicherheit entwickelt, die unabhängig ist von wechselhaften und unsicheren äußeren Umständen. Er fließt gelassen mit dem sich stets verändernden Strom des Lebens, weil er in sich selbst Geborgenheit und Vertrauen gefunden hat. Er ist völlig verkörpert und geerdet, hat eine tiefe, persönliche Verbindung zur Erde und ihren Bewohnern. Er ist in seinem Körper auf diesem Planeten zuhause, steht mit „beiden Beinen im Leben" und strahlt eine lebensbejahende innere Haltung aus. Materieller Mangel und existenzielle Ängste sind ihm eher fremd. Auf der körperlichen Ebene nehmen die Nieren, insbesondere die Nebennieren-Drüsen und der Plexus sacralis die Lebensenergie auf und leiten sie vor allem an folgende Organsysteme weiter:

Skelettsystem, inklusive der Zähne
Beine und Füße
Haut
Dammregion
Dickdarm
Äußere Geschlechtsorgane
Lymphsystem
Nase

Eine weitere Idee, um uns zu erden und so unsere Basis zu stärken:

## Eine Fußmassage mit Lavendel

Unsere Füße tragen uns nicht nur durch die Welt, sondern sind auch Reizübermittler: In ihnen befinden sich mehr als 72.000 Nervenbahnen, die mit wichtigen Organen wie unserem Gehirn verbunden sind. Deshalb regt eine Fußmassage den gesamten Organismus an und bringt ihn in Schwung. Abends und mit dem entsprechenden Öl

Lavendel fördert es unsere Entspannung und einen erholsamen Schlaf.

Plane dir ungefähr eine halbe Stunde Zeit ein. Mache es dir so gemütlich wie möglich. Wähle einen bequemen Platz, stelle Kerzen auf und beginne mit einem kurzen Fußbad, um die Füße zu erwärmen und die Poren zu öffnen. Lavendel schließt die Poren später wieder und schützt so vor starker Verhornung und Schrunden.

Nachdem die Füße wieder gut abgetrocknet sind, nimm nun etwas von deinem vorbereiteten Lavendelöl und massiere es langsam von der Ferse bis zu den Zehen ein. Wiederhole diese Bewegung mehrmals, bis du das Gefühl hast, dass dein Fuß gut durchblutet und aufgewärmt ist. Dann wiederhole das Gleiche mit dem anderen Fuß.

Im nächsten Schritt bearbeitest du nacheinander verschiedene Partien mit deinen Fingern. Drücke jetzt mit dem Daumen und dem Zeigefinger jeden Zeh durch. Beginne mit beim großen Zeh und arbeite dich bis zum kleinsten vor.

Als nächstes machst du mit dem Daumen kleine Kreisbewegungen unter jedem Zeh – beginnend beim kleinsten. Wiederhole eine Runde, indem du größere Bewegungen unter jedem Zeh machst. Dann wechsle zum anderen Fuß, um hier das gleiche zu machen.

Nun folgt der Bereich des Mittelfußknochen und des Fußballens. Bringe dafür deine Finger in den inneren Bereich eines Fußes. Beginne hier unterhalb des großen Zehs mit dem Daumen Kreisbewegungen auszuführen. Arbeite dich immer weiter nach außen vor. Halte nun den Fuß mit beiden Händen fest und massiere sanft das Längsgewölbe des Mittelfußes. Wechsle den Fuß und wiederhole die Abfolge. Als nächstes folgt der Fußrücken. Um ihn zu massieren, lege beide Hände an einen Fuß und beginne mit kreisenden Bewegungen. Arbeite dich von der Ferse bis zu den Zehen vor. Wie stark der Druck ist, bleibt dir überlassen – erlaubt ist alles, was guttut.

Dann wechsle wieder den Fuß und wiederhole diese Bewegungen. Bringe jetzt die Hände an die Zehen und lass diese an den Außenseiten des Fußes in Richtung Ferse gleiten – am besten mit sanften kreisrunden Bewegungen. Diese kannst du zwischen Ferse und Sprunggelenk fortsetzen. Streiche zum Abschluss sanft von der Ferse zu den Zehen und ziehe leicht an jeder einzelnen Zehe. Anschließend ist wieder der andere Fuß an der Reihe.

Packe danach beide Füße warm ein und ruhe noch ein wenig. Idealerweise gönnst du dir diese Massage vor dem Schlafengehen.

Tagsüber nutze ich eine ausgleichende Mischung, die ich mir schon morgens als erstes Ritual auf die Füße auftrage, um mich gut geerdet zu fühlen und voller Vertrauen in den Tag zu starten.

Dieses Vertrauen in die eigenen Fähigkeiten und Deine Einstellung Dir selbst gegenüber sind die absoluten Grundlagen, nicht nur um dich selbst zu lieben, sondern natürlich auch um anderen zu vertrauen. Zum Abschluss dieses ersten Kapitels solltest du dir nun etwas Zeit nehmen, um verschiedene Fragen zu reflektieren, die für den weiteren Weg zu mehr Selbstliebe wichtig sind.

Mach es Dir also bequem, nimm Stift und Papier zur Hand und schreibe auf, was dir zu folgendem einfällt:

Wer bin ich?

Was kann ich?

Was bin ich wert?

Dies sind keine einfachen Fragen, das ist mir durchaus bewusst. Gerade die erste Frage hat es wahrhaftig in sich.

Wer bin ich, jenseits der Rollen, die ich ausfülle?

Genau dann, wenn ich mich selbst kenne, mir meiner Fähigkeiten und meines "Wertes" bewusst bin, besitze ich das Vertrauen in mich selbst, welches es mir leicht macht mich selbst zu lieben.

Ich werde diesen Part im nächsten Kapitel wieder aufnehmen und vertiefen. Die Basis ist geschaffen, bauen wir darauf auf.

*Als ich mich selbst zu lieben begann, konnte ich erkennen, dass emotionaler Schmerz und Leid nur Warnungen für mich sind, gegen meine eigene Wahrheit zu leben. Heute weiß ich: Das nennt man*

## AUTHENTISCH SEIN

Authentisch, echt, klar. Diese Schlagworte haben wir alle schon einmal gehört. Aber was bedeutet es authentisch zu sein und warum ist es wichtig, wenn wir uns selbst lieben wollen?

*Begriffsklärung: Authentisch sein kommt in seinem Ursprung von dem Begriff Authentizität aus der griechischen Sprache. Es lässt sich in zwei Worte teilen. "Autos"(=selbst) und "ontos" (= sein). Zusammengefügt ergibt sich daraus "selbst sein". (Quelle: wikipedia.de)*

Was ist nach dieser Erklärung ein authentischer Mensch? Ein Mensch, der er selbst ist?

Von dem bekannten Schriftsteller Oscar Wild stammt folgendes Zitat:

"Sei du selbst, alle anderen gibt es schon!"

Aber wie bin ich "ich selbst" und somit authentisch?

Allgemein sagt man: Ich bin authentisch wenn:
- ich zu mir und meinem Verhalten stehe
- selbstbestimmt handle
- eigenständige Entscheidungen treffe
- meinen Werten und Überzeugungen treu bleibe

Viele von uns werden oft noch mit alten Familienthemen konfrontiert. Es kann sein, dass du lange versucht hast, einem bestimmten Bild zu entsprechen, oder dich sogar unbewusst von Eltern, Geschwistern, Großeltern oder anderen beeinflussen lassen hast. Indem dir immer wieder erzählt wurde, wie du angeblich bist, was du kannst und was nicht, wo deine persönlichen Grenzen sind und mehr. Dadurch wurdest du jedoch nur geformt. Vielleicht folgst du noch dieser kleinen Schublade, in die du gesperrt wurdest. Dann ist jetzt Zeit innezuhalten und genau wahrzunehmen, was sich zeigt. Dadurch kannst du an diesen Stellen bewusst aussteigen. Lerne wer du bist und was alles in dir steckt.

Versuche, im Hier und Jetzt zu sein und zu bleiben, von Be- und Verurteilungen jeglicher Art Abstand zu nehmen und die Perspektive so häufig wie möglich zu wechseln, um ein möglichst komplettes Bild zu erhalten und deine Wahrheit zu finden.

**Was brauchst du wirklich?**

Wenn du lernst, bewusst zu sein, wirst du immer mehr spüren, dass du etwas besonderes und einzigartiges bist, DEIN wahres SEIN, dein LEUCHTEN! Wenn du der Mensch bist, der du sein möchtest, und dich von alten Begrenzungen und Denkweisen verabschiedest, wenn du deine vermeintlichen Schwächen endlich zu deinen Stärken machst, dann wirst du authentisch und letztendlich zufrieden.

Das klingt einfach, ist es aber leider nicht. Wir alle verspüren oft einen Erwartungsdruck von Eltern, Partnern, Lehrern, der Umwelt und vielen weiteren äußeren Einflüssen. Diesen können wir uns meistens nicht einfach entziehen. Vieles an unserem Verhalten läuft automatisch ab, weil wir es schon immer so getan haben. Als Kind, als Schüler und später als Angestellte oder was auch immer. Unser Selbst und seine Wünsche bleiben dabei außen vor. Zu diesen Erwartungen gehören im weitesten Sinne auch die Rollen, die wir einnehmen. Als Mutter, Tochter, Frau, Chefin und Freundin. Oft definieren wir uns über die Rolle, die wir gerade einnehmen. Aber hat diese wirklich etwas mit unserem "Selbst" zu tun? Nach meiner Ansicht nicht, denn jede(r) von uns nimmt tagtäglich die verschiedensten Rollen ein. Welche davon bin ich selbst? Die Krankenschwester, Seelentrösterin, Liebevolle?

Oftmals bleibt unser Selbst auch durch die Angst vor Ablehnung auf der Strecke. Als Mutter zu erschöpft, um dem (Ehe-) Mann noch die liebevoll umsorgende Partnerin zu sein. Als verlässliche Vollzeitangestellte, die kurz vor einem Burnout steht und dennoch Überstunden macht, da sonst Chaos im Betrieb ausbrechen könnte oder ihr gekündigt wird? Sicher kennst du viele weitere eigene Beispiele zu dieser Aussage.

Wie gelingt es also, trotz dieser Schwierigkeiten authentisch zu sein und sich dadurch wohl und zufrieden mit sich selbst zu fühlen? Sich selbst zu lieben und achtsam mit sich umzugehen? Der erste Schritt ist herauszufinden, wer du wirklich bist, jenseits all deiner Rollen und Verpflichtungen! Nimm erneut dein Stift und Papier zur Hand und reflektiere die folgenden Fragen:

Was sind deine Stärken?
Was sind deine Schwächen?
Wie möchtest du sein?
Wann bist du glücklich?
Was sind deine Werte?
Wann fühlst du dich am wohlsten mit dir? (In welchen Situationen)
Was ist dir besonders wichtig?
Was würdest du am Ende deines Lebens wahrscheinlich bereuen?

Nimm dir ausreichend Zeit, diese Fragen zu beantworten...

_____
_____
_____

Unterstützend möchte ich dir wieder ein Öl ans Herz legen: Weihrauch, der König der Öle, zur Meditation. Verreibe dazu einen Tropfen auf Deiner Hand und inhaliere es. Nimm dir die oben genannten Fragen vor und reflektiere

Nun bist du schon ein ganzes Stück weiter. Jetzt geht es darum, deine Ängste abzulegen. Voller Mut und Vertrauen den eigenen Weg zu gehen. Wissend, dass du genau richtig bist, so wie du bist. Kein Mensch, keine Pflanze, kein Tier scheint perfekt. Und doch sind wir alle genau das:

**Perfekt so wie wir sind.**

Stell dir zum Beispiel einmal vor, die Dolomiten wären drei quadratische Würfel nebeneinander. Oder gleichschenklige Pyramiden. Ihre Unterschiedlichkeit macht doch gerade die Besonderheit dieser Felsformation aus, nicht wahr?

Wie wäre es, wenn du dich zukünftig an die sogenannte Pareto-Regel halten würdest?

**Exkurs:** *Das Pareto Prinzip, benannt nach Vilfredo Pareto, auch Pareto-Effekt oder 80-zu-20-Regel genannt, besagt, dass 80 % der Ergebnisse mit 20 % des Gesamtaufwandes erreicht werden. Die verbleibenden 20 % der Ergebnisse erfordern mit 80 % des Gesamtaufwandes die quantitativ meiste Arbeit. (Quelle:Wikipedia)*

Hier gilt es die Aufgaben zu priorisieren. Weniger wichtige Dinge erst einmal hinten anzustellen. Das erspart dir eine Menge Stress, du hast mehr Zeit für dich und die dir wichtigen Dinge im Leben.

Unterteile Deine Aufgaben in A,B und C Aufgaben.
A muss sofort erledigt werden, B hat etwas mehr Zeit und C ist nicht dringlich. Manchmal sind es sogar solche, die überhaupt nicht erledigt werden müssen. (Werbeflyer kann man in der Regel gleich entsorgen und muss die Prospekte nicht wochenlang aufbewahren)

Und dann hast du Zeit, um dich darum zu kümmern, authentischer zu werden.

Was ist der nächste Schritt dazu?

Eine Basis hierfür haben wir im ersten Kapitel geschaffen. Durch das Vertrauen in uns selbst.
Danach folgt die Selbstbeobachtung, die Reflektion.
Wer bin ich?
Was ist mir wichtig?
Was sind meine Werte?

Eigene Grenzen wahrnehmen und vielleicht sogar erweitern. Experimentieren. Ich verspreche dir, auch du wirst die Erfahrung machen, dass irgendwann dann auch ein "nein" von deiner Seite akzeptiert wird. (Falls dies nicht sowieso schon der Fall ist) Genau dann, wenn dein Umfeld merkt, dass du authentisch bist. Zu dir stehst. Mit Geduld, Übung und Achtsamkeit wird es dir gelingen. Und du wirst feststellen, dass du gerade dann am meisten geliebt und bewundert wirst, wenn du "DU" bist. Nicht nur von außen, sondern vor allem von dir selbst.

Zum Ende dieses Kapitels eine weitere Yoga-Übungsreihe. Alle, die mich kennen, wissen, dass es mein absolutes Lieblings-Karana ist. (= Eine Abfolge von Asanas). Als unterstützendes Öl, welches du in einem Diffusor verwenden kannst, empfehle ich Zitrone oder alternativ ein weiteres sehr schönes und wirkungsvolles Zitrusöl für Klarheit und Selbstvertrauen:

**Bergamotte**:

Das Bergamotte-Öl von der Küste von Reggio di Calabria in Italien ist eines der einzigartigsten Zitrusöle der Welt. Seit Jahren verwenden die Italiener Bergamotte für unzählige Zwecke – um die Haut zu verjüngen, Stress abzubauen und vieles mehr. Bergamotte hat viele einzigartige Eigenschaften, die es von anderen Zitrusölen unterscheidet, darunter die Exklusivität des Anbaugebiets, die Tatsache, dass es sich um eine bittere Frucht handelt, die süßes Öl produziert, und seine Fähigkeit, eine erhebende und beruhigende Umgebung zu schaffen, um nur einige zu nennen. Das ätherische Öl Bergamotte ist ein vielseitiges, beliebtes Öl und wird häufig zur Beruhigung der Haut, bei der Massage, zur Klärung und Anregung verwendet.

Hier nun die versprochene Übungsreihe:
**Der Weg der Heldin:**

Komm in die Grundhaltung: Die Füße hüftgelenk breit, Fußaußenkanten parallel. Der Rücken ist in seiner natürlichen Form aufgerichtet. Die Schultern führen wir nach oben - hinten - tief. Unser Scheitelpunkt, der höchste Punkt am Kopf, strebt Richtung Decke. Falte die Hände vor der Brust und sammle dich.

1. Führe dein rechtes Bein nach hinten und beuge dein linkes Bein an. Das Kniegelenk über dem Sprunggelenk. Führe beide Arme nach oben, komme in eine Rückbeuge.
   => Heldin I "Ich bin die Heldin"

2. Führe beide Arme nach unten in eine Vorbeuge.
   => "Ich nehme Niederlagen hin"

3. Führe die Arme hinter den Körper, verschränke die Hände und ziehe dich wieder nach oben in die

=>Heldin I "Komme aus eigener Kraft wieder nach oben"

4. Führe die Arme auseinander, gestreckt nach vorne, bzw. hinten.
=> Heldin II "Ich richte mich aus auf mein Ziel"

5. Führe die hintere Hand an dein hinteres Bein, die Vordere wird nach oben gestreckt
=> Friedvolle Heldin "Bleibe friedvoll"

6. Komme aus dieser Haltung mit einem Schritt zurück in die Ausgangshaltung und wiederhole alles mit dem anderen Bein

Mache die Abfolge einige Male und spüre dann im Stand nach. Fühlst Du die Heldin in Dir? Die voller Kraft und Vertrauen ihren Weg geht? Die immer eine authentische Heldin bleibt, egal was passiert.

*Als ich mich selbst zu lieben begann, habe ich aufgehört, mich nach einem anderen Leben zu sehnen und konnte sehen, dass alles um mich herum eine Aufforderung zum Wachsen war. Heute weiß ich, das nennt man:*

## REIFE

Reife hat für mich etwas mit Lebensweisheit zu tun. Aber auch mit Vertrauen in das Leben. Dass letztendlich alles einen Sinn ergibt. Wir werden durch unsere Herausforderungen wachsen und "reifen".

In obiger Zeile heißt es: "..., habe ich aufgehört, mich nach einem anderen Leben zu sehnen." Nimm dir etwas Zeit für dich, tropfe dir wieder eines der nachfolgend genannten Öle auf die Hand und nimm ein paar tiefe Atemzüge, um dich zu fokussieren. Reflektiere dann die nachfolgenden Fragen. Für mehr Klarheit empfehle ich dir Pfefferminze, um deine innere Weisheit zu nutzen erneut Weihrauch, den König der Öle:

Was habe ich bereits erreicht in meinem Leben?

_____


Welche Krisen oder unglücklichen Situationen haben im Nachhinein ein Geschenk in sich geborgen?


_____


Was kann ich aus diesen Situationen lernen?


_____


Wofür bin ich dankbar in meinem Leben?


_____


Lass dir Zeit...

Auf energetischer Ebene sprechen wir hier von unserem 6. Chakra, dem Stirnchakra oder auch drittes Auge (Sanskrit Ajna=wahrnehmen)

Das Stirnchakra liegt als sechstes Hauptchakra in der Mitte des Kopfes, von der Höhe her leicht über und zwischen den Augenbrauen. Es schwingt in Resonanz zu den Farben indigo, blau bis violett. Die Themen dieses Chakras sind: Seele, Geist, Intuition, innere Führung, göttliche Inspiration, Präsenz, Klarheit, Hellsicht, Visualisation, Telepathie. Sein Element ist deshalb auch "Geist" Die ihm zugehörige endokrine Drüse ist das Nervengeflecht, bzw. die Hirnanhangsdrüse (Hypophyse) / Plexus caroticus, sein Sinn die außersinnliche Wahrnehmung

Unterstützung findet dieses Chakra durch folgende Steine: Amethyst, Iolith und Saphir

Anregen kann man es durch folgende ätherische Öle: **Pfefferminze**, **Lemon**, Jasmin, Zitronengras, Veilchen, **Weihrauch** und Basilikum. Interessant ist es auch, dass man es durch folgende Fastenkuren aktivieren kann:

Intensiv-Fasten, Wasserfasten, Teefasten, Gemüsebrühe Fasten

Sanftere Fastenformen: Saftfasten, Obstfasten, Reisfasten

Seine Bedeutung und Aufgabe ist: Es ist der Sitz der reinen Präsenz der Seele. Es verbindet uns mit der höheren Intuition und der Führung durch unsere Seele. Es ist auch der Sitz des Bewusstseins, des höheren Geistes und der inneren Sicht.

Menschen, deren Stirnchakra geöffnet ist, können sich dem Fluss des Lebens anpassen und Altes loslassen, um Raum für Neues zu schaffen. Auf körperlicher Ebene repräsentiert es auch die Augen und den Sehweg im Gehirn und reguliert den Schlaf, unsere Körperuhr und den Biorhythmus. Bei einem gut entwickelten Stirn-Chakra fühlen wir uns jugendlich und lebendig, haben große Kraft und Ausdauer.

Im Yoga sind es klassischerweise die Umkehrhaltungen, welche es aktivieren. (Von einer Umkehrhaltung spricht man, wenn der Kopf in der

Haltung tiefer ist als das Herz, somit zählen auch Vorbeugen dazu)

Klassische Yoga Übungen für das Stirnchakra:

**Delfin**

Komme in den Vierfüßlerstand, Kniegelenke unter den Hüftgelenken, Handgelenke unter den Schultergelenken. Von hier aus gehe auf deine Unterarme. Dann strecke dein Gesäß Richtung Decke. (Herabschauender Hund auf den Unterarmen). Bleibe für mindestens sechs Atemzüge in dieser Haltung.

**Schulterstand /Viparita karana**

Lege dich auf den Rücken. Die Beine sind aufgestellt, die Arme an den Hüftgelenken. Strecke die Beine nach oben aus (Kerze) Von hier aus versuche die Beine weiter nach oben zu strecken. Entweder möglichst gerade bis du auf den Schultern stehst oder leicht schräg auf den Unterarmen, die einfachere Variante Viparita Karana. Bleibe auch hier einige Momente in der Haltung.

Zudem kann dieses Chakra durch Meditation geöffnet werden, wofür ich hier nun drei einfach umsetzbare Beispiel gebe:

Ich beginne mit meinem persönlichen Favoriten der **MANTRA-MEDITATION**

Mantra bedeutet Werkzeug des Geistes und dient vereinfacht gesagt unserem Geist, sich an etwas festzuhalten, um die Gedanken zur Ruhe kommen zu lassen. Ein klassisches Mantra, welches jede Yogini kennt, ist die Sanskrit-Silbe „Om" . Lass uns doch hier ein Mantra für mehr Selbstliebe wählen.

"Ich bin es wert geliebt zu werden"

"Ich liebe mich so wie ich bin"

" Ich bin gut genug"

Hast du eines für dich ausgesucht? Dann stelle dir einen Timer, suche dir eine angenehme, bequeme Sitzposition. Schließe die Augen und konzentriere dich ganz auf die von dir gewählten Worte. Sage diese laut, leise oder einfach nur in Gedanken. Wenn deine Gedanken abschweifen, hole sie wieder sanft zurück und kehre zurück zu deinem Mantra. Beginne mit einer Zeit von fünf Minuten.

Eine weitere Möglichkeit der Meditation, welche ohne Hilfsmittel durchführbar ist, stelle ich dir hier vor:

**Atembeobachtung**

Hier steht, wie der Name schon sagt, der Atem im Mittelpunkt. Du sitzt oder liegst ruhig und entspannt auf deiner Unterlage und beobachtest ungefähr fünf Minuten nur deine Atmung. Zähle dabei immer wieder bis auf zehn. Einatmen 1 - ausatmen, einatmen 2 - ausatmen. Bis zehn, dann beginne wieder bei 1. Mache dies ebenso, wenn deine Gedanken abschweifen. Lenke sie zurück auf den Atem und beginne wieder bei 1.

Die dritte Möglichkeit einer einfachen Meditation, welche du auch im Freien durchführen und sogar die ersten beiden mit einbeziehen kannst ist die:

## GEHMEDITATION

Suche dir eine kurze Strecke, die du auf und ab gehst. Bleibe auf diesem Weg und konzentriere dich ganz darauf, jeden einzelnen Muskel deiner Beine beim Gehen zu spüren. Setze deinen Fuß vorsichtig auf, spüre, wie du ihn abrollst und dann den anderen Fuß aufsetzt. Diese Meditation lässt sich auch erweitern indem du dich auf verschiedene Sinneswahrnehmungen um dich herum konzentrierst.

Was hörst du?

Was riechst du?

Was siehst du?

Oder du konzentrierst dich zusätzlich auf deinen Atem. Beim Einatmen setzt du den rechten Fuß auf, beim Ausatmen den linken,... Zudem kannst du im Geh-Rhythmus ein Mantra leise für dich rezitieren. Zum Beispiel eines aus der ersten Übung.

Es gibt viele verschiedene Meditationen, wenn dich das Thema ansprichst, kannst du dir auch eine App herunterladen, oder auch bei Youtube fündig werden.

Zum Ende dieses Kapitels ein paar Vorschläge für dich:

*www.7mind.de*

*www.calm.com*

*www.buddhaweisheit.de*

*Als ich mich selbst zu lieben begann, habe ich aufgehört, mich meiner freien Zeit zu berauben, und ich habe aufgehört, weiter grandiose Projekte für die Zukunft zu entwerfen. Heute mache ich nur das, was mir Spaß und Freude macht, was ich liebe und was mein Herz zum Lachen bringt, auf meine eigene Art und Weise und in meinem Tempo. Heute weiß ich, das nennt man*

# EHRLICHKEIT

Dieses Kapitel fällt etwas kleiner aus. Ehrlichkeit ist für mich fast gleichzusetzen mit Authentizität. Ehrlichkeit und Echtheit sich selbst gegenüber. Anderen gegenüber ist diese nicht immer gefragt, denn hier kann sie ungewollt sehr verletzend sein. Hier liegt der Unterschied. Wenn dir zum Beispiel eine frischgebackene Mutter ihr neugeborenes, noch sehr "zerknautschtes" Baby präsentiert und nichts anderes hören möchte wie "ist das hübsch". In diesem Fall sei dir bewusst, dass die Wahrheit und damit die Ehrlichkeit immer im Sinne des Betrachters ist.

Oder wenn du ein Geschenk von jemandem erhältst, der sich ganz viele Gedanken gemacht hat, es mit Liebe ausgesucht hat und dennoch nicht deinen Geschmack getroffen hat. Auch hier wäre Ehrlichkeit fehl am Platz, da damit auch die Wertschätzung deinem Gegenüber nicht angebracht wird.

Deshalb geht es in diesem Abschnitt vielmehr darum, deine Wahrheit zu leben. Zu spüren, wenn dir etwas nicht gut tut. Anders ausgedrückt: ehrlich dir selbst gegenüber zu sein und dich bewusst von alten Glaubenssätzen, beziehungsweise den Wahrheiten anderer Menschen zu lösen.

Immer wieder zu fragen, "Wessen Stimme ist dies?" "Wessen Stimme höre ich gerade?" und weiter: "ist das wahr?" `` Kann ich wirklich sicher sein, dass dies wahr ist?" Wenn dir diese Fragen bekannt vorkommen, weißt du sicher, dass sie aus dem Buch "the work" von Byron Katie stammen. Genauer darauf einzugehen, würde den Rahmen dieses Buches sprengen. Hierfür gibt es die entsprechende Lektüre. Mein Weg weiterzukommen war zudem ein anderer. Ich versuchte immer wieder auszumachen, wessen Stimme ich heraushöre und dann Beweise zu finden, weshalb diese Stimme Unrecht hat.

Meine Beispiele: Du hast keine Ausdauer - Ich habe im Fitness- und Gesundheitsbereich vielfältige Aus- und Fortbildungen belegt und alle abgeschlossen. Wenn mich etwas interessiert, etwas "meins" ist, dann bleibe ich daran, beweise einen "langen Atem".

Eine andere Stimme lautete: "Ich werde immer nur durchschnittlich sein." Die Prüfung zur Pilates Fachtrainerin (A Lizenz) schloss ich mit einer 1 ( sehr gut) ab.

Einmal hörte ich auch folgende Aussage eines Vorgesetzten: Ich stelle unverschämte Gehaltsforderungen. Dies war schlicht und ergreifend gelogen, um mich klein zu halten. Das traurige daran war nur, dass es zu einem Bestandteil meiner Glaubenssätze wurde, obwohl es sich nie bewahrheitet hat. Hierfür bildete ich mir nach der Reflektion meine eigenen Glaubenssätze: "Ich bin es wert ".

Noch einmal zusammengefasst: Erkenne Deine Glaubenssätze und hinterfrage sie. Prüfe sie auf Wahrheitsgehalt. Positive Glaubenssätze (ich bin ein Glückskind) darfst du auch gerne weiter behalten. 😊

Und genau wenn du dies beherzigt kommen wir zu dem eigentlichen Thema dieses Buches: **die Selbstliebe**

*Als ich mich selbst zu lieben begann, habe ich mich von allem befreit, was nicht gesund für mich war, von Speisen, Menschen, Dingen, Situationen und von Allem, das mich immer wieder hinunterzog, weg von mir selbst. Anfangs nannte ich das Gesunden Egoismus, aber heute weiß ich, das ist*

## SELBSTLIEBE

Selbstliebe ist die Voraussetzung für ein erfülltes Leben. Wer sich selbst liebt, ist nicht auf die Bestätigung seiner Mitmenschen angewiesen. Er genügt sich selbst. Viele Menschen haben ein negatives Bild von sich selbst und können sich selbst nicht lieben. Dadurch stehen sich diese Menschen oft selbst im Weg.

Machen wir einen Schritt nach dem anderen, **was ist Selbstliebe genau?**

Im deutschen Grundgesetz ist unter §1 eines der wichtigsten Dinge des menschlichen Zusammenlebens verankert: Die Würde des Menschen ist unantastbar. Deshalb lernen wir von Kind auf, dass jeder Mensch wertvoll ist. Unseren

Mitmenschen gegenüber beherzigen wir dies in der Regel immer, was ist aber mit uns selbst? Ist es nicht so, dass wir uns in Selbstgesprächen oft schlecht machen und respektlos behandeln? Unseren eigenen Wert viel zu wenig schätzen? Unsere Grenzen nicht erkennen? Wenn wir lernen, uns bedingungslos selbst zu lieben, erkennen wir uns mit allen (scheinbaren) Makeln und Schwächen an. Wir gehen liebevoll mit uns um und dies überträgt sich auch auf unser Umfeld, beziehungsweise auf alles in unserem Leben. Dadurch sind wir nicht nur im Reinen mit uns selbst, wir sind auch zufriedener. Ist dies nicht ein Zustand, den wir alle anstreben sollten? Wenn wir uns selbst lieben, tragen wir unser inneres Licht nach außen und helfen auch anderen, ihr Licht in sich zu entdecken. Zudem wissen wir, dass wir genügen. Alles, was wir tun ist gut genug! In unserem Sinne Perfekt!

*„Eigenliebe ist der Beginn einer lebenslangen Romanze" (Oskar Wilde)*

Zu einer gesunden Beziehung mit sich selbst gehört Selbstliebe unbedingt dazu. Wen du dich selbst liebst, kannst du besser mit Kritik umgehen, bist selbstbewusster und stellst dich selbstsicher neuen Herausforderungen. Laut dem bekannten Sozialpsychologen Erich Fromm ist Selbstliebe sogar die Grundvoraussetzung dafür, jemanden anderen lieben zu können.

Lass uns beginnen.

**Selbstliebe lernen**

Um Selbstliebe (wieder) zu erlernen, folgt hier ein kurzer Einblick, weshalb vielen von uns die Selbstliebe überhaupt abhanden kommt. Denn grundsätzlich kommen wir alle als unbeschriebenes Blatt auf die Welt. Völlig unschuldig und rein. Warum sollte es uns in den Sinn kommen unvollkommen zu sein? Wir haben keine vorgefertigte Meinung über uns selbst, wir fühlen uns mit uns selbst wohl. Wir lieben uns selbst.

## Wie entsteht fehlende Selbstliebe?

Es gibt Menschen, die von Natur aus mit sich im Reinen sind und über ein großes Selbstbewusstsein verfügen. Für die meisten Menschen ist es jedoch ein langer Weg hin zur vollkommenen Selbstliebe. Warum ist das so? In einer leistungsorientierten Welt, wie der unseren, ist es schwer, sich selbst zu akzeptieren. Dabei ist es so wichtig, sich selbst lieben zu lernen. Nur so können wir intensive Beziehungen zu anderen aufbauen und selbstbewusst durchs Leben gehen.

Auch wer als Kind wenig Liebe erfahren hat, kann im Erwachsenenalter noch Selbstliebe lernen. Dafür ist es nie zu spät. Ein erster Schritt sollte sein, sich selbst zu erkennen. Auch in diesem Kapitel frage dich bitte erneut:

Wer bin ich?

Wenn du durch die vorangegangenen Kapitel eine Antwort gefunden hast, führt dies zur

**Selbsterkenntnis:**

Zunächst einmal müssen wir erkennen, dass wir ein Problem mit uns selbst haben und uns nicht so lieben können, wie wir sind. Um hierher zu gelangen, sollten wir uns Zeit nehmen und folgende Fragen beantworten:

Bin ich zufrieden mit meinem aktuellen Leben? Fühle ich mich oft gestresst?

Auch wenn du dich noch nicht verstehst, sei unbesorgt, Erkenntnis ist immer der erste Schritt zur Veränderung.

**Wie lerne ich mich selbst zu lieben?**

Im Gegensatz zu Emotionen wie Angst oder Wut sind Selbstliebe und Selbstbewusstsein Haltungen und daher weniger intuitiv. Das heißt, dass wir Selbstliebe lernen können. Jedoch bedeutet das auch, dass Selbstliebe etwas ist, das uns nicht zufliegt, sondern für das wir etwas tun müssen. Der Weg hin zu mehr Selbstakzeptanz und somit Selbstliebe kann anstrengend sein, er wird sich jedoch immer lohnen.

*Selbstliebe bedeutet, Vertrauen, Zuversicht und Stolz in sich selbst und seine Fähigkeiten zu haben. Selbstliebe praktizieren bedeutet, Grenzen zu setzen, achtsam zu sein und negative Menschen aus deinem Leben zu entfernen.*

Mit dieser kurzen Übersicht möchte ich dir nun einige Ideen geben, die dir helfen sollen, deinen Weg zu mehr Selbstliebe zu gehen. Du musst sie nicht abarbeiten, wie eine Liste, sondern sie sind als Vorschläge zu sehen, damit du etwas für dich Passendes findest.

1. Vergleich dich nicht mit anderen

Mit dem Vergleichen beginnt die Unzufriedenheit. Es wird immer jemanden geben, der größer, schneller, schlanker,kleiner, zierlicher... was auch immer ist. Aber niemand ist genau wie du. Genauso wird es auch immer jemanden geben, der ärmer, fülliger,... ist. Vergleichen ist nicht schlecht in seinem eigentlichen Sinn. Es hilft uns aber auch nicht weiter. Ich glaube, das Schwierigste für uns alle ist es zu erkennen, wer wir wirklich sind. (Nicht nur) Deshalb vergleichen wir uns oft mit anderen. Ich bin kleiner als X, schlanker als Y, freundlicher als Z. Aber was sagt das wirklich über Dich aus? Machen wir doch gleich eine kleine Übung: (Ich habe mir dafür einige Tropfen des ätherischen Öls "Wild Orange" in einem Diffusor laufen lassen um meine Kreativität zu fördern) Nimm dir fünf Minuten Zeit und schreibe alles auf, was dir zu dir einfällt. Halte dich an diese Zeit, damit du nicht zu viel darüber nachdenkst. Dann lege den Stift zur Seite und lies dir das Geschriebene in Ruhe durch.

**Wie redest du mit dir?** Solltest du erkennen, dass dies nicht gerade sehr freundlich ist, dann fahre am besten gleich mit Schritt 2 fort.

## 2. Nutze den Alltag um freundlich zu dir zu sein

Wie oft redest du schlecht über dich? Wie oft beschimpfst du dich, weil dir ein Missgeschick passiert ist oder Dinge nicht so laufen, wie du es geplant hast? Sätze wie: **_Ich bin so blöd_** oder **_Ich bin echt zu nichts zu gebrauchen_**, rutschen dir gedanklich im Alltag vielleicht öfter raus, als dir SELBST lieb ist? Im ersten Schritt geht es darum, dass du dir diesen Situationen bewusst wirst und deine Gedanken beobachtest.

- Wie oft kommt es vor, dass du dich kritisiert, weil du Fehler machst?
- Wann machst du dich klein, weil du denkst, du bist es nicht wert?
- Mit welchen Schimpfwörtern redest du dich an, wenn du wütend oder verunsichert bist?

- In welchen Situationen bist du so unzufrieden mit dir, dass du dich selbst schlecht machst?

Dann halte inne, **lächle und nimm einen tiefen Atemzug** durch die Nase ein und aus. Wenn du dir in dem Moment mehr Zeit nehmen kannst, führe folgende einfache Atemübung aus. (Falls der Zeitpunkt gerade ungünstig ist, merke dir die Worte, den Auslöser, das Gefühl oder schreibe oder spreche dir eine kurze Nachricht auf. Du kannst die folgende Übung später leichter durchführen.)

Stell dich hüftbreit auf, die Knie leicht gebeugt, die Wirbelsäule ist aufgerichtet, dein Becken ist leicht nach vorn gekippt, deine Schultern sind locker und deine Arme hängen natürlich neben dem Körper, dein Kopf ist entspannt, du schenkst dir ein inneres Lächeln. Du kannst die Augen dabei schließen. Mit geöffneten Augen ist die kleine Auszeit vom Alltag auch hilfreich. Nun geh mit deiner Aufmerksamkeit zu deinen Füßen, dass du gut geerdet bist. Stell dir vor, wie du mit dem Einatmen aus deinen Füßen durch deinen Körper in deinen Scheitel atmest und mit der Ausatmung vom Scheitelpunkt in die Erde. Wiederhole diese Atmung mindestens zwei bis fünf Mal, durch die Nase ein und durch die Nase oder den Mund aus. Dein Stand wird fest und dein Kopf wird frei. Nun führe ein inneres, liebevolles Selbstgespräch. **Frage dich, was deine beste Freundin** oder eine dir vertrauensvolle Person in diesen Situationen **zu dir sagen würde**

- Wie würde diese Person dich aufmuntern, ermutigen, beruhigen?
- Sprich zu dir, als würde deine Freundin oder die Person, die dich von Herzen liebt, zu dir sprechen
- Nutze freundschaftlich wohlwollende Formulierungen
- Und nun stell dir vor, du nimmst mit der Einatmung die positiven Gedanken und Gefühle aus dem Boden auf, lässt deinen

Körper mit Freude und Leichtigkeit durchströmen. Deine negativen Gedanken lässt du mit jeder Ausatmung los und gibst sie in den Boden ab. **Führe diese Übung so lange durch, wie es dir gut tut.** Vertraue darauf, dass dein Körper dir ein Signal sendet, wann genug ist. Öffne dann langsam deine Augen und spüre, wie du dich jetzt fühlst.

- Welche Kraft hat dein Gedanke von vorhin? Was fühlst du jetzt?

Am Anfang mag es dir komisch vorkommen. Immerhin sind Selbstgespräche in unserer Gesellschaft ein gewisses Tabu. Doch mit der Zeit entwickelst du eine liebevolle Beziehung zu dir. Außerdem wird es mehr und mehr Situationen geben, in denen dir bewusst wird, wie du zu dir sprichst.

**Was sagt das Geschriebene noch über dich aus?**

Der Übergang zu Schritt 3 ist nun fast nahtlos:

## 3. Lerne dich von anderen abzugrenzen

Hierfür ist es wichtig, Deine eigenen Grenzen zu spüren. Yoga bietet eine gute Möglichkeit dafür. Machen wir doch gleich eine Übung dazu, welche dir hilft deinen Körper und seine Grenzen wahrzunehmen: Yoga Nidra, der yogische Tiefschlaf: (Lies Dir folgenden Text durch, nimm ihn auf oder lass ihn dir von jemandem vorlesen.)

Lege bequem auf eine Unterlage und sorge dafür, dass du die nächsten Minuten nicht gestört wirst.

### Yoga Nidra

Mache es dir einmal ganz bequem. Am besten legst du dich auf eine feste Unterlage und deckst dich sogar zu. Schließe deine Augen und ziehe die Sinne von der außenwelt ab nimm wahr dass du hier auf der Unterlage liegst und spüre wo dein Körper Kontakt zur Unterlage hat und wo nicht dann wandere mit deinen Gedanken die rechte

Körperseite hinab zum rechten Fuß und spüre die rechte Ferse. Spüre die rechte Wade, den rechten Oberschenkel, die rechte Gesäßseite.

Spüre den rechten unteren Rücken, den rechten mittleren Rücken, den rechten oberen Rücken.

Spüre die rechte Schulter, den rechten Oberarm, den rechten Unterarm, den rechten Handrücken, den Daumen, den Zeigefinger, den Mittelfinger, den Ringfinger, den rechten kleinen Finger.

Und nun wandere den rechten Arm nach oben spüre die rechte Halsseite das rechte Ohr

Wandere die linke Körperseite hinab zum linken Fuß und spüre die linke Ferse die linke Wade, den linken Oberschenkel die linke Gesäßseite.

Spüre den linken unteren Rücken, den mittleren Rücken, den oberen Rücken die linke Schulter. Nun spüre den linken Oberarm, den Unterarm, den linken Handrücken, den Daumen, den Zeigefinger, den Mittelfinger, den Ringfinger, den linken kleinen Finger.

Wandere den linken Arm wieder nach oben, spüre die linke Halsseite das linke Ohr .

💭

Nun spüre beide Ohren den Hals, die Schultern, die Arme und Hände spüre den gesamten Rücken, das Gesäß, die beiden Beine, beide Füße. Der Körper schläft, der Geist ist wach.

💭

*Schönheit beginnt in dem Moment, in dem du beschließt du selbst zu sein (Buddha)*

Was kannst du noch tun?

4. Spüre die Fülle in dir

Zu diesem Punkt möchte ich dir erneut das ätherische Öl "Wild Orange" empfehlen. Es harmonisiert das zweite Energiezentrum (Chakra*) im Körper. Wild Orange ist das Öl der Fülle - welches uns unterstützt, den Reichtum in sich selbst zu spüren. Zudem fördert es das intuitive Wissen, dass immer gut für uns gesorgt ist. Es kann uns Freude und Lust aufs Leben geben.

Probiere einmal folgende Affirmation aus:

**„Ich lebe in Fülle, genieße mein Leben und bin im Vertrauen, dass immer gut für mich gesorgt ist."**

Ähnlich Punkt 2 und doch wieder anders ist der nächste Vorschlag meinerseits:

## 5. Tu dir etwas Gutes

*Der beste Weg, einen Freund zu haben, ist der, selbst einer zu sein. (Coco Chanel)*

Sicher bist du schon einmal mit dem Flugzeug verreist und kennst die Sicherheitsbestimmungen, welche zu Beginn eines Fluges vorgetragen werden. Unter anderem wird der Gebrauch von Sauerstoffmasken erklärt. Dabei wird betont, zuerst dir selbst und dann deinem Kind oder einer anderen Person diese Maske aufzuziehen. Warum? Wer ist der wichtigste Mensch in deinem Leben? Richtig, **DU selbst**! Nur wenn du zuerst dir selbst hilfst, für dich sorgst, kannst du auch für andere da sein. Also plane regelmäßig Zeit mit dir ein. Verabrede dich mit dir auf eine Tasse Tee. Nimm diese Zeit genauso wichtig wie ein Treffen mit einer Freundin / einem Freund. Sei dir selbst die Freundin / der Freund, den du dir wünscht. Trage dir diesen Termin auch in deinem Kalender ein. Genieße die Zeit mit dir und für dich!

Wenn Du anfängst, liebevoller mit Dir umzugehen, Dich wie Deinen besten Freund, Deine beste Freundin zu behandeln, wird dies immer mehr dazu beitragen, dass du ein gutes und liebevolles Verhältnis zu dir bekommst. Du wirst lernen, dich selbst mehr zu schätzen und dir mehr Wert zu geben. Das ist die Basis unserer Selbstliebe. Denn nur, wenn du dich selbst würdigst und liebst, kannst du dies auch weitergeben. Behandle dich wie einen wertvollen Schatz. DU bist einzigartig, niemand ist genau wie du! Du bist ein Wunder. Werde dir dessen bewusst und würdige dies Tag für Tag. Öffne dich für die Selbstliebe und du wirst wahrnehmen, wie sich alles um dich verändert!

Im nächsten Schritt gehen wir ganz besonders auf diese "Öffnung" ein. Es geht um:

6. Das Herzchakra

Es hat innerhalb des Chakra-Systems eine besondere Bedeutung, denn es repräsentiert vorwiegend zwischenmenschliche Themen.
Sein Energiezentrum stellt das Bindeglied zwischen der Spiritualität und dem Weltlichen dar. Das Herzchakra fungiert als Übergang zwischen den Chakren der höheren und tieferen Ebenen, zwischen den 3 unteren und den 3 oberen Chakren. Das geöffnete Herzchakra unterstützt die Verbindung zum Seelischen und zum Kosmos.

Das Herzchakra ist der Sitz der reinen Liebe. Es ist das Zentrum, das uns befähigt, die universelle Lebensenergie fließen zu lassen. Es ist Ausdruck wahrer Liebe, Hingabe und Harmonie. Seine Basisqualitäten sind Güte, Empathie, Mitgefühl und Menschlichkeit. Vergebung ist ein ebenso wichtiges Thema des Herzchakras. Dabei geht es um die tiefsten Herzenswünsche, die Du erkennen und leben solltest. Mach Dir Deine eigenen Schwächen und Fehler bewusst und akzeptiere Dich so, wie Du bist.

*Sorge gut für Dich - wenn Du es nicht tust, wer soll es sonst tun?*

Wir können Dich Herzchakra aktivieren durch einen Aufenthalt an der frischen Luft am besten "im Grünen". Ein Spaziergang im Wald oder in einem Park, ein Picknick auf einer grünen Wiese und natürlich alle Herz öffnenden Übungen im Yoga. Also alle Rückbeugen, wie zum Beispiel der heraufschauende Hund.

Komm in den Vierfüßlerstand und ziehe deinen Naben nach innen Richtung Wirbelsäule. Setze Deine Hände eine Handlänge weiter nach vorne auf. Löse deine Knie von der Unterlage und stülpe die Füße um, so dass du auf die Zehen kommst. Walke ein wenig, versuche rechte und linke Fesen auf die Matte zu führen. Dann beide Fersen.
=> herabschauender Hund

Von hier senke dein Gesäß etwas ab und komme in den Yoga Liegestütz.
Lege deine Waden und die Fußrücken ab, komme in eine kleine Rückbeuge
=> heraufschauender Hund

Diesen kleinen Flow kannst du gerne mehrmals wiederholen. Dies lege ich dir ganz besonders ans Herz.

Unterstützend empfehle ich dir zudem eine Ölmischung für das Herzchakra:

Mische Ylang Ylang, Geranium, Limette, Majoran mit einem Tropfen Thymian in einen Diffusor, um die Energie in dieses Zentrum (Herzchakra) fließen zu lassen.

Ylang Ylang und Geranium helfen dabei zu harmonisieren, Limette bringt dich in deine Mitte, Majoran lässt dich eine Verbindung spüren zu allem was ist. Thymian, letztendlich öffnet dein Herz für bedingungslose Liebe.

Nachfolgend ein weiterer Bewegungsablauf, der die Wirkung der Öle zusätzlich unterstützt. Er kann auch Teil der Verabredung mit dir selbst sein:

Der Flow für das Herzchakra

1. Beginne im Stand in der Grundhaltung. Die Füße sind hüftgelenkbreit, Fußaußenkanten parallel. Das Becken ist leicht gekippt, das Steißbein strebt zum Boden. Dein Rücken ist aufgerichtet und der Scheitelpunkt, dein höchster Punkt am Kopf ist wie von einem unsichtbaren Faden gezogen, nach oben ausgerichtet. Die Hände vor dem Herzen gefaltet.

2. Führe beide Hände am Körper entlang nach oben und drehe in Höhe der Stirn die Hände so, dass die Handrücken aufeinanderliegen und die Finger nach unten zeigen.
3. Führe sie so bis auf Höhe des Beckens (Wurzelchakra)
4. Löse die Hände voneinander, komme in eine Vorbeuge und führe sie an der Rückseite der Beine entlang nach unten, an deine Fersen.
5. Ziehe einen Kreis um dich herum, lege die Hände wieder am Handrücken aneinander und komme zurück in den aufrechten Stand.
6. Drehe dann die Handflächen wieder aufeinander zu wie in der Ausgangshaltung.
7. Setze den Zyklus noch einige Male so fort.

7. Beginne Deinen Tag mit positiven Affirmationen

*Man muss sich von sich selbst auch nicht alles gefallen lassen. (Michelle Obama)*

Beende die negativen Selbstgespräche (siehe Punkt 1) . Verbanne deinen inneren Kritiker und bestätige dir jeden Tag, dass du liebenswert und wertvoll ist. Affirmationen bilden den effektivsten Weg zu andauernder Selbstliebe. Wer täglich Affirmationen aufsagt, gewinnt ein positives Selbstbild. Die selbst bejahenden Aussagen sind bekannt dafür, hilfreich zu sein, wenn es um Veränderungen geht. Möchtest du also deine Einstellung zu dir selbst verändern, sind Affirmationen die richtige Option. Auf diese Weise kannst du dein Verhalten und deine Gefühlswelt verändern, indem du dir mit einer Affirmation Selbstbestätigung gibst und dir Hoffnungen für die Zukunft vergegenwärtigst. Affirmationen kannst du überall anwenden. Du kannst sie laut aussprechen oder sie in Gedanken aufsagen. Sie machen sich gut in der Morgenroutine, da du mit ihnen positiv in den Tag starten kannst. Hast du morgens weniger Zeit, kannst du sie dir im Auto auf dem Weg zur Arbeit in Erinnerung rufen. Wenn du eher der visuelle Typ bist, kannst du sie auch aufschreiben und dir so vor Augen führen.

Besonders gut wirken Affirmationen, wenn du dir während deiner Aussprache selbst in die Augen schauen kannst. Deshalb werden sie oft vor dem Spiegel aufgesagt. Es gibt verschiedene Spiegel-Übungen, die mit Affirmationen verbunden werden können.

**Übung**: Stelle dich vor einen Spiegel, so dass du dich komplett sehen kannst. Schaue dich an und achte auf deine Empfindungen und Reaktionen. Wo schaust du zuerst hin? Was vermeidest du anzuschauen? Nimm dir mehrere Minuten Zeit und versuche dir in die Augen zu blicken. Weichst du deinem eigenen Blick aus? Nach circa zehn Minuten kannst du dich vom Spiegel abwenden. Nun solltest du dir einen Zettel nehmen und alles aufschreiben, was du in den letzten zehn Minuten empfunden hast. Versuche deine Empfindungen nicht zu bewerten oder zu analysieren. Bleibe sachlich. Lasse ein paar Stunden vergehen, bevor du dir deine Notizen erneut durchliest. Was kannst du daraus entnehmen? Wie stark ist deine Selbstliebe?

Wenn du noch an deiner Selbstliebe arbeiten musst, kannst du dich erneut vor den Spiegel stellen. Doch anstatt dich nur anzuschauen, sagst du Affirmationen auf, die deine Selbstliebe stärken. Versuche dir dabei in die Augen zu schauen. Gib nicht zu schnell auf. Am Anfang fühlt sich das wahrscheinlich erst einmal komisch an. Hast du diesen Punkt jedoch überwunden, wirst du dich gut fühlen und die positive Wirkung der Affirmationen feststellen. Wir haben einige Affirmationen als Beispiele für dich zusammengestellt:

- Ich liebe mich so, wie ich bin.
- Ich weiß, dass ich wichtig bin.
- Ich vertraue mir und meinen Fähigkeiten von Tag zu Tag mehr.
- Ich genüge.

Mir ist bewusst, dass ich einzigartig bin

## 8. Finde jeden Tag etwas, mit dem du an dir zufrieden bist

Fast ähnlich wie die vergangene Übung und doch mit einer anderen Aufgabe. Wenn du bereits täglich für die Affirmationen vor dem Spiegel stehst, dann zähle mindestens fünf Dinge auf, die dir an dir gefallen. Das können Oberflächlichkeiten wie deine Augen oder deine Beine, aber auch Charaktereigenschaften sein. So lernst du, den Fokus auf die positiven Dinge zu legen.

Eine weitere Variante, welche ich dir gerne ans Herz legen möchte, ist es, dich einmal wertfrei vor den Spiegel zu stellen.

Was siehst du?
Was gefällt dir besonders gut?
Welche Punkte an dir zeichnen dich aus? (Deine Augen, deine Haare, ein voller Mund, dein Lächeln?

Finde mindestens fünf Stellen, die du an dir magst. Lass dir Zeit. Überlege, wie du diese Stellen betonen kannst. (z.B. mit Kleidung in der Farbe deiner Augen, ein schöner Gürtel für die schmale Taille, dir fällt bestimmt etwas ein). Wenn dir hierzu gar nichts einfällt, rate ich dir in den sozialen Medien Gruppen zu diesen Themen zu suchen und dich hier inspirieren zu lassen. Hier einige Vorschläge dazu:

- Style me happy
- Shoppe deinen Kleiderschrank
- Academy of style

Das geeignete Öl für diese Übung ist Pfefferminze, das Öl des lebendigen Herzens

Dein Yoga-Part ist eine Meditation: Suche im Internet nach: "light of the soul" und schaue dir die dazugehörigen Bewegungen an. Mehr möchte ich nicht verraten. Probiere es aus und lass dich überraschen, wie es auf dich wirkt. Bei Fragen darfst du mir auch gerne eine E-Mail senden. (Die Adresse findest du im Anhang)

## 9. Gönn dir etwas

Du musst dir jeden Tag bewusst machen, dass du großartige Dinge leistest. Nimm deine eigenen

Taten nichts als selbstverständlich hin. Es ist vollkommen in Ordnung, stolz auf sich selbst zu sein und sich etwas Gutes zu gönnen. Das können ein Shoppingbummel, Wellness, Sport oder ein tolles Essen sein. Aber auch Zeit ist ein wertvolles Geschenk. Gönne dir täglich ein paar Minuten und probiere es einmal mit Meditation, Yoga oder Atemübungen. Meditation und Selbstliebe sind untrennbar miteinander verbunden. Hier findest du Zeit, dich und deine Gedanken zu ordnen und um herunterzufahren.

10. Führe ein Tagebuch über deine Gefühle

- **Schreibe deine Gefühle auf:** Gefühle, sowie Gedanken aufzuschreiben, kann dabei helfen, emotionalen Schmerz besser zu verarbeiten und sich selbst reflektieren zu können. Probiere es einfach aus!
- **Lasse negative Gefühle zu:** Es ist kein Zeichen von Schwäche, wenn du traurig oder wütend bist. Lasse deine Gefühle und

Gedanken zu und verdränge sie nicht. Alles andere macht dich auf Dauer unglücklich.

## 11. Nimm Hilfe an

Fehlt es dir nicht nur an Liebe, sondern hasst du dich selbst regelrecht, dann solltest du dir Hilfe holen. Rede mit Freunden über deine Sorgen und dein Leben, suche einen Psychologen auf oder suche dir auf andere Art und Weise Hilfe.

> *Wer sich selbst nicht liebt, der wird auch nie jemanden anderen lieben können!*

Wenn du dich selbst liebst, dann bist du selbst voller Lebensenergie und Liebe und willst diese auch immer mit deinen Mitmenschen teilen.

## 12. Dankbarkeit

Dankbarkeit ist ein weiteres ebenso wichtiges Werkzeug, wenn es um Selbstliebe geht. Wer Dankbarkeit für sich und seine Umwelt zeigt, kann sich und seine Situation besser annehmen. Es gibt mit Sicherheit viele Dinge, für die du dankbar sein kannst. Auch wenn du nicht vollkommen zufrieden mit dir bist, kannst du trotzdem dankbar für all die guten Dinge sein, die du besitzt und dir widerfahren. Selbst wenn dir etwas Negatives passiert, kannst du darin zumindest hinterher noch etwas Gutes sehen, wofür du dann vielleicht dankbar bist.

Nimm dir gleich einmal ein Paar Minuten Zeit und mache dir Gedanken hierzu:

**Welches negative Ereignis in der Vergangenheit hat sich hinterher als eine Art Geschenk herausgestellt?**

Generell solltest du dich auf das Positive fokussieren, anstatt dich auf das Negative zu konzentrieren. Mache dir bewusst, was gut in deinem Leben ist. Mit Sicherheit gibt es viele Dinge, die du an dir und deinem Leben magst. Du kannst beispielsweise für deine Gesundheit, deine Talente und bestimmte Charaktereigenschaften wie Geduld, Hilfsbereitschaft oder Gelassenheit dankbar sein.

Mach dir die Fülle bewusst, die um dich herum ist. Ein Beispiel von Sabrina Scheuerling aus ihrem Workshop: "Unverschämt anders". Nimm dir Stift und Papier zur Hand und schreibe zu allem, was um Dich ist, den ungefähren Wert auf. Beginne mit kleinen Dingen bis hin zu immer größeren. Zum Schluss kannst du die ganzen Beträge addieren. Du wirst erstaunt sein, wie viel Fülle um dich herum ist. Fülle, die dir zuvor gar nicht bewusst war. Liegst du also gerade in deiner Wanne im Badezimmer , dann beginne mit dem Wert deiner Zahnbürste deiner Zahncreme , deines Kammes deiner Bürste den Kosmetiktüchern bis hin zu letztendlich Waschbecken, Toilette, Badewanne, Bodenfliesen und so weiter. Wenn dir das immer noch nicht genug ist, fahre fort in den anderen Räumen deiner Wohnung, beziehungsweise deines Hauses. Spürst du jetzt die Fülle um dich herum?

Am besten kannst du Dankbarkeit praktizieren, wenn du dir das unter Punkt 12 vorgeschlagene Tagebuch auch zu deinem Dankbarkeits-Tagebuch machst. Dort kannst du immer dann reinschreiben, wenn du für eine Sache dankbar bist. Noch besser ist es, wenn du Dankbarkeit in deinen Alltag integrierst und jeden Abend drei Dinge aufschreibst, für die du Dankbarkeit empfindest. Das können schon die kleinsten Alltäglichkeiten sein. Wenn du dich über eine nette Geste freust, schreibe es in dein Tagebuch. Das sonnige Wetter und das Lächeln eines Menschen , der dir heute begegnet ist. Schreibst du jeden Abend diese kleinen Momente, die deinen Alltag versüßen, in dein Tagebuch, führst du dir all die guten Dinge an dir und deinem Leben vor Augen. Du wirst feststellen, dass es viel Positives gibt, das du an dir und natürlich auch an deinem Leben lieben kannst.

## 13. Kreativität

Auch Kreativität kann den Weg zu mehr Selbstliebe ebnen, denn Kreativität bedeutet immer auch ein Stück von sich selbst zu zeigen. Wer sich kreativ betätigt, beschäftigt sich mit sich selbst – hört in sein Inneres. Das kann dir dabei helfen, über deine Wünsche und Bedürfnisse klar zu werden. Andererseits hast du die Möglichkeit, dich mit Hilfe von Kreativität selbst zu verwirklichen. Spielst du beispielsweise ein Instrument, das dir sehr viel Freude bereitet, hilft dir das dabei, zu dir selbst zu finden, denn du beschäftigst dich mit den Dingen, die dich ausmachen. Du gehst deinen Bedürfnissen nach. Das ist essentiell, wenn du dich selbst lieben möchtest.

## 14. Selbstfürsorge

Selbstfürsorge ist eine Verhaltensweise und beschreibt den fürsorglichen Umgang mit dem eigenen Geist und Körper. Es geht hier grundsätzlich darum, rücksichts- und liebevoll mit sich selbst umzugehen, sich selbst zu "umsorgen" und den eigenen Bedürfnissen Raum, sowie Aufmerksamkeit zu geben.

Deshalb an dieser Stelle ein einfaches Rezept für Badesalz für deinen Verwöhnmoment:

- 2 Tassen Meersalz, zum Beispiel Totes-Meer-Badesalz oder anderes Salz
- 2 EL Natron
- 1 EL Pflanzenöl (z.B. Olive, Kokos, Jojoba)
- 15 Tropfen ätherisches Öl deiner Wahl

- optional: 1-2 EL Blumen Blüten für die Optik und noch mehr Duft (Lavendel, Rose, Malve, usw.) optional weitere Heilkräuter, z.B. Lavendel, Thymian

## Quelle:

https://www.smarticular.net/badesalz-herstellen-diy-naturkosmetik

15. Fokussiere dich auf deine Stärken

Du trägst den Schlüssel für ein stärkeres Selbstbewusstsein und in der Folge auch mehr Selbstliebe bereits in dir. Autogenes Training, geführte Meditationen und Auto-Suggestionen helfen dir bei der Fokussierung auf deine Stärken und Fähigkeiten. (Siehe auch schon Kapitel: authentisch sein, beziehungsweise Punkt 1 und 8 )

16. Auszeiten

Auszeiten sind ebenfalls wichtig, um sich selbst lieben zu lernen. Sie geben dir die Chance nachzudenken, dich um dich selbst zu kümmern und auszuruhen. Wenn du immer unterwegs bist und dir nicht die Möglichkeit gibst einmal runterzukommen, kann das deinem Selbstbild schaden. Es ist wichtig, Selbstliebe zu praktizieren, indem du dich verwöhnst. Gönne dir jede Woche festgelegte Auszeiten von mehreren Stunden, in denen du die Dinge tust, die dir Spaß machen. Das kann ein gemütlicher Nachmittag mit der besten Freundin im Café sein, ein entspannter Abend mit dem Partner auf der Couch oder einfach ein sonniger Nachmittag allein im Park sein. Wichtig ist nur, dass du deine freie Zeit genießt.

## 17. Akzeptiere was ist!

> *Du kritisierst dich schon seit Jahren und es hat nicht funktioniert. Versuche dich selbst anzuerkennen und sieh, was passiert.*
>
> *(Louise L. Hay)*

Haben wir erkannt, welche Probleme uns beschäftigen, folgt im nächsten Schritt, dass wir diese annehmen und nicht zu streng zu uns sind. Es ist keine Schande, sich selbst nicht zu lieben - die wenigsten Menschen tun dies. Leider ist es eher so, dass die meisten von uns ein Leben lang gegen die inneren Kritiker ankämpfen. Selbstliebe wiederum löst innere Zufriedenheit und Entspannung aus. Deshalb werde dir bewusst, dass du so viel in dir hast. Lerne es (wieder) zu schätzen. Wenn dein Herz Dankbarkeit spürt, hast du das Gefühl, du fließt über vor Glück. Dein Herz wird sprichwörtlich weit vor Freude. Du spürst die Liebe in dir und möchte sie verströmen lassen.

Lass es zu, dass du dich über Glück und Erfolg freust **Aus dem Vorangegangenen resultiert Selbstsicherheit und Selbstbewusstsein:** Wer sich selbst liebt, tritt Herausforderungen stärker und selbstbewusster gegenüber. Wir fühlen uns besser gewappnet, verteidigen uns gegenüber anderen souveräner und können besser mit Krisen umgehen. Wer dennoch hin und wieder taumelt, sollte sich immer bewusst werden, dass Krisen selten unüberwindbare Probleme darstellen und dass es meist für alles eine Lösung gibt.

## 18. Mach keinen Wettbewerb daraus

Liebe bedeutet Annahme, Wertschätzung und Respekt, Fürsorge und Achtsamkeit. Für mich bedeutet Selbstliebe, diese Haltung zu vertreten und kein Abspulen von Übungen. Sie geschieht im Kleinen, in Alltagsgesten uns selbst gegenüber, indem wir uns selbst zuhören und Ernst nehmen, was wir eigentlich wollen. Das wir uns und unsere Entscheidungen mögen oder zumindest akzeptieren, besonders in Momenten, in denen dies am schwersten ist. In dem wir offen und wertfrei uns selbst gegenüber sind. Nimm jede Übung als eine Chance dich zu entdecken, höre dir zu und freue dich, wenn du Neigungen und Interessen von dir entdeckst. Begegne dir selbst mit einem liebevollen Lächeln und verzeih dir, wenn du es an manchen Tagen nicht kannst. Freue dich auf eine Reise und eine Begegnung zu dir selbst, so wie du dich auf deinen Lieblingsmenschen freuen würdest.

Ändere die kleinen Dinge und mach großes daraus. Ein Wettbewerb soll es keiner werden, ein Spiel daraus zu machen ist allerdings erlaubt. Nachdem ich das Buch "positives Denken von A-Z " der Autoren Neil James, Peter Gelach und Vera F. Birkenbihl gelesen habe, in dem beschrieben wurde, dass im Wörterbuch doppelt so viele negative wie positive Wörter verzeichnet werden, machte ich daraus folgendes: Auf meiner ersten Runde mit meinem Hund suchte ich für jeden Buchstaben im Alphabet ein positives Wort. Am Anfang war es gar nicht so einfach, mit der Zeit wurde es leichter und ich suchte immer mehr Wörter, mit denen ich mich zudem persönlich identifizieren konnte. Hier beginnt mein Beispiel (um zu verdeutlichen, dass es egal ist, ob es sich um ein Verb, Adverb oder Nomen handelt. Wichtig ist nur, dass es für dich positiv belegte Worte sind)

- A - Angenehm, Aufmerksamkeit, attraktiv
- B - beliebt, Bewusstsein,
- C - charismatisch, Charme
- D - dankbar, dienen
- E - Emphatisch, Euphorie, erleben
- F - freundlich, friedlich, Freude, feiern
- G - Genuss, geben, geliebt

- H - Hundeliebend, herzlich, hilfreich, helfend
- I - inspirierend, Idee, instinktiv
- J - Ja (zum Leben sagend)
- K - kreativ, Kunst, Künstler
- L - lachen, leben, lieben, lesen
- M - mitfühlend, machbar, Mitgefühl
- N - nett, natürlich, nahbar
- O - Optimistisch, olfaktorisch, originell
- P - persönlich, phantastisch, Phantasie
- Q - quirlig
- R - reich (an schönen Gedanken und Erlebnissen), rassig, rein
- S - sinnlich, selig, selbstbewusst
- T - toll, teilnehmen
- U - Urlaub, unglaublich, Urvertrauen
- V - Vertrauen, verstehen, verlieben
- W - wertvoll, Wahrheit, Wiedersehen
- X - e**x**tra
- Y - Yoga
- Z - Zauberhaft, zierlich, zart

Spielst Du mit? Erfinde deine eigenen Varianten. Nimm z.B. nur die Buchstaben deines Namens, sammle Montags positive A Wörter, Dienstags E Wörter, mittwochs...Habe Spaß und spüre dabei wie du mit diesen positiven Listen selbst positiver wirst und mehr Liebe für dich spürst.


19. Mache es einfach


Stelle dir einfach selbst die Frage: Was kann ich hier und jetzt und heute tun, um ein deutliches Signal für mehr Selbstliebe und an mich selbst auszusenden? Und dann gehe in die Umsetzung. Trink Wasser. Sortiere eine Schublade aus. Kümmere dich um den Wäscheberg. Putz das Klo. Melde dich bei deiner Freundin, an die du schon seit Wochen denkst. (Fast) **Hauptsache, du machst!**

20. Erschaffe dir einen Kraftort

Such dir einen Platz in deiner Wohnung, der nur für dich ist, richte ihn ein mit all den Dingen, die dir gut tun. Wenn du auf Reisen gehst, kannst du vielleicht eines dieser Dinge mitnehmen und so einen Teil deines Kraft Ortes immer bei dir haben.

21. Feiere dich

*Was du denkst, bist du. Was du bist, strahlst du aus. Was du ausstrahlst, ziehst du an.*

*(Ralph Waldo Emerson)*

Warte nicht darauf, dass andere etwas bemerken, was du geleistet hast und dich loben. Es muss auch nicht immer mit Prosecco sein. Schau auf deine Selbstliebe Liste (siehe Übung oben)und tu dir selbst etwas Gutes.

## 22. Stehe zu deinen Wünschen und Bedürfnissen

Es ist völlig normal, Wünsche und Bedürfnisse zu haben, diese ernst zu nehmen und sie sich zu erfüllen. Sag was du willst und steh dazu. Das hat nichts mit Egoismus zu tun, sondern erleichtert anderen den Umgang mit dir. Schließlich kann niemand deine Gedanken lesen.

## 23. Sei dein eigener Selbstwert-Coach

Rede dir gut zu, wie wundervoll und einzigartig du bist. Beantworte die Fragen: Wenn deine Selbstzweifel Vergangenheit wären, was wäre anders? Wie würdest du dich verhalten? Beschenke dich selbst. Gestalte deine selbstliebe

Collage, überlege dir, was du an dir magst und suche ein passendes Bild dazu.

Was fällt dir noch dazu ein?_____

24. Behandle dich einen Tag wie eine Königin

Ergänze: Ich bin liebenswert, weil _____

25. Maitri - liebende Güte

Nun kommt (endlich) die bereits in der Einführung erwähnte liebende Güte und wird näher erläutert. Das Sanskrit-Wort hierfür ist "Maitri". Die Buddhisten bezeichnen es auf Pali als "Metta". Diese Liebe ist eine Grundeinstellung, die wir allen lebendigen Wesen gegenüber entwickeln möchten.

Im ursprünglichen Sinn ist Wohlwollen allen Wesen gegenüber unser aller Wesenskern. Wenn wir Maitri nicht spüren, liegt dies daran, dass uns Ängste, Prägungen und nicht heilsame Gedankenmuster den Zugang dazu blockieren. „Liebe deinen Nächsten wie dich selbst", heißt es in der Bibel. Das bedeutet, dass wir zunächst uns selbst liebende Güte entgegenbringen, um diese dann nach außen tragen zu können. Ein Schlüssel dazu ist, dass wir uns klar machen, dass wir, wie alle anderen lebenden Wesen auch, nur zwei Dinge wollen: glücklich und frei von Leid zu sein.

Um das zu erreichen, haben wir unterschiedliche Strategien entwickelt, die uns in der Regel aber nicht weiterhelfen. Einige von uns suchen ihr Glück bei der Arbeit, andere in Beziehungen, die einen wollen Macht und Kontrolle haben, andere versuchen, besonders viel Geld anzuhäufen..

Es gibt Menschen, die ihr Glück in Partys, Drogen oder extremen Sportarten suchen. Andere meinen, dass sie glücklich sind, wenn sie nur endlich ihr Wunschgewicht erreichen, das neueste Auto fahren oder eines der vielen anderen vermeintlich wichtigen Statussymbole besitzen. Das Glück, das wir aus äußeren Dingen erfahren, ist jedoch vergänglicher Natur. Deshalb ist eine regelmäßige Yogapraxis unbedingt empfehlenswert, um Maitri zu entwickeln. Denn alle Yoga-Techniken haben das Ziel, dass wir unseren innersten Kern erkennen, welcher die Quelle ewigen Glücks ist und uns somit zu uneingeschränkter Liebe befähigt.


Wie wir gütiger werden

Maitri dir selbst gegenüber bedeutet:

- nicht an materiellen Gütern oder äußeren Umständen haften
- Yoga üben, um deinen Wesenskern zu erkennen
- Hochmut auflösen, indem du dich als Teil des Universums siehst und dich als gut und richtig annimmst
- Dankbarkeit, Zufriedenheit, Bescheidenheit

- dich um deine Bedürfnisse kümmern, Selbstfürsorge kultivieren

Wenn du es schaffst, Verständnis für dich aufzubringen, einen liebevollen Blick auf dich haben kannst, dann wird dein Leben so viel bunter und glänzender. So kannst du inneren Frieden entwickeln und die Voraussetzung dafür schaffen, auch anderen Menschen und allen lebenden Wesen Maitri, liebende Güte entgegenzubringen.

Folgende Meditation möchte ich dir zum Abschluss dieses Kapitels passend dazu ans Herz legen:

**Maitri oder auch Meditation**

**Suche dir einen ruhigen Platz**, an dem du verweilen kannst. Am besten setzt du dich in eine dir angenehme Meditationshaltung mit geradem, aber entspanntem Rücken. Du kannst dich aber auch auf einen Stuhl setzen oder dich hinlegen. Bei letzterem sollte man allerdings ein Gefühl der Schläfrigkeit vermeiden!

**Beobachte deinen Atem.** Den Atem zu beobachten hilft, in eine entspannte, aber wache Präsenz zu gelangen. Dabei werden normalerweise viele Gedanken entstehen und vergehen. Weder verfolgst du deine Gedanken noch ignorierst du sie. Du beobachtest die Gedanken einfach. Sobald du merkst, dass du stark abgelenkt bist, kehre einfach zum Atem zurück. Gib dir für diesen ersten Teil genug Zeit, damit du wirklich zur Ruhe kommen kannst, aber mindestens 1-2 Minuten.

**Schenke dir selbst Mitgefühl.** Nun wendest du deine Aufmerksamkeit auf dich selbst. Du willst ebenso wie alle anderen Menschen glücklich und zufrieden sein und frei sein von Leid – und das kannst und darfst du auch. Erlaube dir, glücklich zu sein. Wenn du magst, kannst du dir ein leichtes Lächeln auf die Lippen zaubern. Genieße deine eigene aufmerksame Zuwendung. Um diese Praxis zu erleichtern, gibt es in dieser Meditation Sätze, die du dir selbst sagen kannst. Zum Beispiel:Diese Sätze können natürlich beliebig variiert werden.

Traue dich, kreativ zu werden! Solltest du Schwierigkeiten haben, mit dir selbst Mitgefühl zu üben, dann kannst du mit dem nächsten Schritt anfangen und dir danach selbst Mitgefühl schenken.

**Schenke deinen Lieben Mitgefühl.** Rufe dir das Bild deiner Nächsten vor dein inneres Auge. Stelle dir diese Person ganz genau vor: wie sie aussieht, wie sie sich verhält und ihre Stimme. Und dann nimm all das Mitgefühl, dass du aus dem vorigen Schritt gesammelt hast und schenke es dieser Person. Lächel diesem Menschen zu und wünsche ihm oder ihr von Herzen alles Gute. Stelle dir vor, wie sich dieser Mensch (oder dieses Tier!) über deine Zuwendung freut. Wenn es dir hilft, kannst du dir auch ein helles, angenehmes und warmes Licht vorstellen. Wende die Sätze nun auf diese Person an. Auch hier sind Variationen erwünscht:

- Mögest du glücklich sein.
- Mögest du gelassen und heiter sein
- Mögest du gesund sein
- Ich wünsche dir Zufriedenheit und Ruhe
  Ich wünsche dir Liebe und Mitgefühl...

**Schenke neutralen Menschen Mitgefühl.** Im Leben gibt es unzählige Menschen, mit denen du teils regelmäßig zu tun hast, zu denen du aber keine besondere emotionale Beziehung hast. Doch auch der oder die Kassierer*in, deine Nachbarn oder die Menschen in der Straßenbahn wollen glücklich sein und frei sein von Leiden, genauso wie du selbst. Rufe dir also einen Menschen in das Gedächtnis, dem du neutral gegenübersteht und nimm all das Mitgefühl, dass du bis hierhin aufgebaut hast und gib es ihnen. Auch die Sätze können nun wieder angewendet werden.

- Mögest du glücklich sein.
- Mögest du gelassen und heiter sein
- Mögest du gesund sein
- Ich wünsche dir Zufriedenheit und Ruhe
  Ich wünsche dir Liebe und Mitgefühl...

**Liebe deine Feinde.** Unter Umständen ist dies der schwierigste Part. Aber auch deine Widersacher, Konkurrenten und all diejenigen, die dich verletzt haben, sind bloß auf der Suche nach Glück gewesen. Gib auch ihnen so viel Mitgefühl wie es geht. Nimm dir Zeit. Du musst kein Buddha werden, aber erlaube deinem Herzen, sich so weit wie möglich zu öffnen. Alle, und besonders du selbst, werden davon profitieren

- Mögest du glücklich sein.
- Mögest du gelassen und heiter sein
- Mögest du gesund sein

- Ich wünsche dir Zufriedenheit und Ruhe
  Ich wünsche dir Liebe und Mitgefühl...

**Alle deine Mitmenschen und Mitlebewesen einbeziehen.** Zuletzt kannst du versuchen, dein Mitgefühl auf alle Menschen und Lebewesen in deiner Umgebung, in dem Land, das du bewohnst und auf der Erde mit einzubeziehen, inklusive dich selbst. Wünsche allen Glück, Frieden, Gesundheit, Freude, Gelassenheit, Heiterkeit und Freiheit. Welche positiven Qualitäten dir auch einfallen: sei im Geiste freigiebig mit ihnen. **Praktiziere regelmäßig.** Am besten jeden Tag. Nimm dir einmal für eine Woche jeden Tag 20 Minuten und sieh, wo das hinführt. Meditation ist ein Geistestraining und wenn du darin gut werden möchtest, musst du üben – ganz so, wie das in jeder Sportart oder jeder Kunst gilt.

- Mögest du glücklich sein.
- Mögest du gelassen und heiter sein
- Mögest du gesund sein
- Ich wünsche dir Zufriedenheit und Ruhe
Ich wünsche dir Liebe und Mitgefühl…

*Als ich mich selbst zu lieben begann, habe ich damit aufgehört, immer recht haben zu wollen; seitdem habe ich mich weniger geirrt. Heute weiß ich, das nennt man*

# BESCHEIDENHEIT

Nach dem letzten Kapitel ist unsere Reise zu mehr Selbstliebe eigentlich beendet. Die folgenden deutlich kürzeren Kapitel möchte ich jedoch dennoch anhängen, da sie in meinen Augen die Reise erst komplett machen.

Der Volksmund sagt: *"Bescheidenheit ist eine Zier"* Für mich ist es die Fähigkeit, mit wenig zufrieden zu sein. Wer diese besitzt, kann unabhängig von äußeren Dingen Glück, Freude, **Selbstliebe** und sogar Freiheit empfinden.

In verschiedenen Quellen mit Charly Chaplins Rede fand ich an dieser Stelle auch das Wort Demut. Ich habe es für mich so interpretiert, dass ich diese Demut dem Leben gegenüber empfinden kann, wenn ich mich selbst liebe. Ich kann über die kleinen Dinge des Lebens staunen. Mich im übertragenen Sinne vor ihnen verneigen. Den Wundern dieser Welt. Löse mich davon, immer noch mehr haben zu wollen, da alles, was ich brauche, bereits vorhanden ist.

Das Öl der Demut ist Oregano, wozu ich zu Beginn des Buches schon einiges geschrieben habe. Für die nachfolgenden Übungen empfehle ich dir, einige Tropfen zu diffusen.

Da Bescheidenheit, beziehungsweise Demut Fähigkeiten sind, kann man sich diese auch aneignen. Hier einige Ideen dazu:

- Nimm dir vor, während der nächsten Woche diese Eigenschaften wachsen und stärker werden lassen. Sage dir mehrmals täglich folgende Affirmation: "Ich freue mich darauf, in einer Woche ein demütiger und bescheidenerer Mensch zu sein."

- Nimm dir vor, jeden Tag mindestens eine Handlung auszuführen, die Bescheidenheit ausdrückt. Mache jeden Tag etwas, was du sonst nicht tun würdest, diese Eigenschaft aber fördert. Im Frühling kannst du zum Beispiel ganz bewusst einen Spaziergang in der Natur machen und darüber staunen, wie großartig die Natur ist. Egal wie lang und kalt der Winter war, im Frühjahr zeigen sich die Knospen, erblüht die Natur und zeigt wieder ihre ganze Schönheit.
- Probiere nachfolgende Übungsreihe: die tibetischen Niederwerfungen:

1. Beginne im Stand die Hände vor der Brust und atme aus. Einatmend führe beide Hände über die Seite.
2. Ausatmung lege die Hände aufeinander und berühre dein Schädeldach, die Stirn und dann die Brust, komme immer noch Ausatmung in eine Vorbeuge, auf die Knie, verneige dich und lege die Stirn auf.

3. Einatmend hebe den Oberkörper an.
4. Ausatmung schiebe dich in Bauchlage, führe deine Arme über die Seite, so dass sich die Hände oberhalb des Kopfes wiederfinden und lege die Hände dann an den Hinterkopf.
5. Einatmend richte dein Oberkörper etwas auf, die Hände sind unter den Schultern.
6. Ausatmend führe beide Hände Richtung Becken und schiebe dich zurück, bist du wieder in der Endstellung von Punkt 2 bist.
7. Einatmend richte dich auf, führe die Arme über die Seite über dein Schädeldach.
8. Ausatmung beginne die Abfolge wieder von vorne

Viel Spaß beim Üben!

*Als ich mich selbst zu lieben begann, habe ich mich geweigert, weiter in der Vergangenheit zu leben und mich um meine Zukunft zu sorgen. Jetzt lebe ich nur noch in diesem Augenblick, wo ALLES stattfindet, so lebe ich heute jeden Tag und nenne es*

## BEWUSSTHEIT

Bewusstheit ist eine Erweiterung des Adjektivs „bewusst". Bewusstheit kommt also von „bewusst sein". Doch was bedeutet „bewusst sein"?

Bewusst in diesem Augenblick bedeutet, dass ich hier in diesem Augenblick mit allen Sinnen genau bei dem bin, was ich gerade tue. Wenn ich zum Beispiel bewusst esse, sitze ich dabei nicht vor dem Fernseher, lese Zeitung oder arbeite nebenher am Computer. Meine Gedanken sind ganz im gegenwärtigen Augenblick bei dem, was ich tue. Ich denke weder daran, was zuvor schon alles an diesem Tag war, noch, was später sonst noch zu erledigen ist.

Bewusstsein beim Essen heißt: Ich bin hier und ich esse. Ich sehe bewusst, was ich esse, ich rieche es, spüre bewusst die Konsistenz des Lebensmittels auf der Zunge, ertaste mit allen Sinnen die verschiedenen Nuancen seines Geschmacks. Probiere es einmal aus, lass dich weder durch Gespräche noch durch sonst etwas von deinem Essen ablenken. Spüre hin mit allen Sinnen und genieße es. Du wirst feststellen, dass dir das Essen viel besser schmeckt, du merkst, wann du satt bist. Essen wird so zu einer Meditation. Dies kannst du natürlich auch auf andere Aufgaben deines Alltags anwenden. Dadurch wirst du nicht nur bewusster, sondern arbeitest konzentrierter und bist doch sehr viel entspannter.

Auch zu diesem Punkt möchte ich dir eine kleine Übung aus dem Waldbaden anbieten. Eine Empfehlung zu ätherischen Ölen gibt es hierfür keine, denn hier sind die Öle, oder besser Terpene in ihrer natürlichen Form vorhanden und konzentriert um dich herum. Vor allen Dingen wenn du in einen Nadelwald gehst.

Wenn du das nächste Mal in den Wald gehst, achte also ganz bewusst auf folgendes:

- Wie fühlt sich der Waldboden unter den Füßen an?
- Welche Geräusche kannst du hören?
- Was kannst du riechen?
- Was siehst du? Welche Farben kannst du erkennen?

Im yogischen Sinn spricht man weniger von Bewusstheit sondern von Achtsamkeit, der Yogi (oder die Yogini) meint damit:

- Bewusst im Hier und Jetzt sein
- Eine gesteigerte Aufmerksamkeit allen Dingen gegenüber
- Kein Analysieren von etwas, sondern bewusstes erfahren beziehungsweise erleben.
- Kein bewusstes Erzeugen von Gedanken und Gefühlen, sondern Annehmen von allem, was sich zeigt
- Kein Bewerten, sondern annehmen, was kommt

- Kein Identifizieren mit den eigenen Gedanken, Erlebten, Erfahrenen, sondern ein neutrales wertfreies Beobachten

Zusammengefasst ist Bewusstheit die Eigenschaft, im Hier und Jetzt sehr aufmerksam zu sein. Es kann mit Intensität und starkem Erleben verbunden sein. Bewusstheit, auch Achtsamkeit genannt, kann aber auch mit innerem Abstand verbunden sein, die Beobachterrolle einzunehmen, ohne zu urteilen, zu analysieren oder zu reagieren.

*Als ich mich zu lieben begann, erkannte ich, dass mich mein Denken armselig und krank machen kann. Als ich jedoch meine Herzenskräfte anforderte, bekam der Verstand einen wichtigen Partner. Diese Verbindung nenne ich heute*

## HERZENSWEISHEIT

Ein sehr schönes Wort, welches Charly Chaplin hier gewählt hat. Ich denke, in unserer westlichen Welt entspricht dies der Intuition. Oder umgangssprachlich dem Bauchgefühl.

Wir alle kennen es, haben sicher schon viele Entscheidungen "aus dem Bauch heraus" getroffen. Dennoch trauen wir uns oft nicht, diesem Gefühl zu folgen, nicht wahr? Dies liegt in den meisten Fällen daran, dass unser Verstand sich einschaltet, alles abwägt und die vermeintlich sichere Variante bei einer Entscheidung bevorzugt.

Aber sind es nicht gerade die mutigen Entscheidungen, die uns im Leben weiterbringen?

Denk einmal darüber nach.

Mit dem Wissen und den Fähigkeiten aus den vorangegangenen Kapiteln wollen wir nun zum Abschluss unsere Herzenskräfte, beziehungsweise unsere Intuition wecken.

Eine Definition laut Wikipedia:

**Intuition** *(von mittellateinisch intuitio „unmittelbare Anschauung", zu lateinisch intueri „genau hinsehen, anschauen")*[1] *ist die Fähigkeit, Einsichten in Sachverhalte, Sichtweisen, Gesetzmäßigkeiten oder die subjektive Stimmigkeit von Entscheidungen zu erlangen, ohne diskursiven Gebrauch des Verstandes, also etwa ohne bewusste Schlussfolgerungen. Intuition ist ein Teil kreativer Entwicklungen. Der die Entwicklung begleitende Intellekt führt nur noch aus oder prüft bewusst die Ergebnisse, die aus dem Unbewussten kommen. Kritisch ist hierbei zu sehen, dass bei positiver Wirkung einer – zunächst nicht begründbaren – Entscheidung gerne von Intuition gesprochen wird, während man im Falle des*

*Scheiterns schlicht „einen Fehler gemacht" hat, wobei es gerade keinen Mechanismus gibt zu prüfen, welche mentalen Vorgänge zur jeweiligen Entscheidung führten.*

*Einige Wissenschaftler vermuten, dass dem Informationsaustausch zwischen dem enterischen Nervensystem und dem Gehirn auch eine Rolle bei den intuitiven Entscheidungen zukommt.*

Vereinfacht ausgedrückt, greift unser Unterbewusstsein auf alle verfügbaren Erfahrungen und Eindrücke zurück und gibt uns dann Rückmeldung. Aus diesem Grund ist es uns oft nicht möglich, nachzuvollziehen, woher denn die Eingebung eigentlich kam. Irgendwie war sie einfach da. Auf einmal wissen wir, was zu tun ist, wenn wir es denn schaffen, unsere inneren Impulse richtig zu deuten. Ich bin der Meinung, dass wir in unserer westlichen Welt den Zugang zu diesem Bauchgefühl leider verloren haben. Es ist aber für die Liebe zu uns selbst wichtig , dieses wieder zu aktivieren und es zu bemerken.

**Werde zur Expertin deiner Gefühle**

Um ein Gefühl für dein Bauchgefühl oder besser für deine Intuition zu bekommen, musst du zunächst in der Lage sein, deine Gefühle überhaupt wahrzunehmen. Das klingt seltsam, doch häufig sind wir während eines hektischen und stressigen Alltages nicht in der Lage, in uns zu gehen und unsere Gefühlslage klar zu definieren.

Oder kannst du mir jetzt in diesem Moment genau auf die Frage antworten:

**Wie geht es dir jetzt?**

**Wie ging es dir vor genau einer Stunde?**

Erlaube deinen Gefühlen ab sofort immer , präsent zu sein. Gehe regelmäßig in den inneren Check-In und versuche, deine Gefühlslage genau wahrzunehmen.

Frage dich: "Was fühle ich in diesem Moment?". Je öfter du dieses kleine Gefühlstraining machst, desto mehr bist du auch in entscheidenden Momenten in der Lage, Kontakt zu deinem Bauchgefühl aufzunehmen. Das Gefühl von innerer

Abwehr möchte dir vielleicht ein Nein signalisieren, während das Gefühl der Nervosität sowohl positiver als auch negativer Natur sein kann. Versuche jedoch deine Gefühle möglichst nicht zu bewerten. Alles darf sein. Jedes Gefühl hat seine Berechtigung.

Sieh deine Intuition immer als guten Freund, der dir eine Richtung weisen will. Auch wenn es nicht das ist, was du verstandesmäßig gerne hättest.

Sorge regelmäßig für Stille um dich herum. Ruhe und Meditation können dir dabei helfen, den alltäglichen Gedankenstrudel loszulassen und kleine Inseln im Alltag zu finden, um deinem Bauchgefühl mehr Achtsamkeit zu schenken.

Nimm dir Zeit, eine Sensibilität für die Anzeichen deiner Intuition zu entwickeln. Ein Ziehen in der Brust, schwitzige Hände, ein Zucken in der Magengegend. Lerne die Sprache deines Körpers zu sprechen - und auf sie zu hören.

Manchmal kommt es vor, dass du bewusst nicht hören möchtest, was deine Intuition dir sagt. Du lässt dich nur allzu leicht und gern ablenken, weil du die Impulse deines Bauchgefühls nicht wahrhaben möchtest. Hier ein paar Beispiele, die dir vielleicht bekannt vorkommen: Du weißt, deine aktuelle Arbeit tut dir nicht gut. Du weißt, eine Beziehung ist eigentlich am Ende. Du weißt, ein Wohnortwechsel würde wichtige Veränderungen anstoßen. Trotzdem schiebst du die Umsetzung in die ferne Zukunft. Werde dir deiner Ablenkungsversuche bewusst und versuche, der Ursache auf den Grund zu gehen. Vielleicht ist es nur, weil du dich nicht aus deiner Komfortzone heraus traust? Erlaube dir in dem Fall auch ganz bewusst mutig zu sein. Was kann im schlimmsten Fall passieren? Ist dein Leben in Gefahr? Löse dich regelmäßig von deinem Verstand und der Notwendigkeit, immer alles rational erklären zu wollen. Nimm den ersten Impuls, der zu einer Frage kommt. Trainiere mit einfachen Dingen wie dem Essen. Soll ich lieber Nudeln oder Kartoffeln kochen? Spüre hin. Auch durch Meditation kannst du deine Intuition trainieren, Probiere einmal die im Anhang genannte geführte Meditation aus.

*Wir brauchen uns nicht weiter vor Auseinandersetzungen, Konflikten und Problemen mit uns selbst und anderen fürchten, denn sogar Sterne knallen manchmal aufeinander und es entstehen neue Welten. Heute weiß ich:*

## DAS IST DAS LEBEN !

Hiermit enden meine Gedanken und Übungen zum Thema Selbstliebe. Es ist ein Weg, der täglich gegangen werden darf. Voller Freude und Liebe. Enden möchte ich mit einer Geschichte, die zeigt, das perfekt relativ ist und es nur auf die Liebe ankommt. Oder, wie die bekannte Autorin Eva Maria Zurhorst schreibt: "Liebe kann alles"...
Und denke daran: **Du bist immer deine beste Version**


**Von Herzen Ute**

## Epilog: Das perfekte Herz

Ein junger Mann stand eines Tages auf einem Platz in der Stadt und erklärte, dass er das schönste Herz der ganzen Stadt habe. Viele Menschen versammelten sich um ihn und alle bewunderten sein Herz. Es war auch wirklich wunderschön. Es hatte keinen Fleck und keine Fehler. Die Menschen gaben ihm recht. Es war in der Tat das schönste Herz, das sie je gesehen hatten. Der junge Mann war stolz und prahlte weiter mit seinem schönen Herzen. Da tauchte ein alter Mann auf und sagte: „Dein Herz ist nicht annähernd so wundervoll wie meines." Die versammelte Menge und der junge Mann schauten auf das Herz des alten Mannes. Dieses schlug kräftig, aber es war voller Narben. Es hatte Stellen in denen Stücke entfernt und durch andere ersetzt worden waren. Die passten nicht richtig und es gab einige ausgefranste Ecken. An einigen Stellen waren tiefe Furchen oder es fehlten Teile. Die Leute starrten ihn an: „Wie kannst du behaupten, dein Herz sei besser?" Der junge Mann schaute auf das Herz des alten Mannes und begann zu lachen. „Du musst scherzen, dein Herz mit meinem zu vergleichen.

Mein Herz ist perfekt und deines ist voller Narben und Tränen." So sagte der alte Mann, „Ja, deines sieht perfekt aus. Aber tauschen würde ich nicht mit dir." Die Menschen lauschten, als der Alte weiter sprach: „Jede Narbe steht für einen Menschen, dem ich mein Herz geöffnet habe. Ich reiße ein Stück meines Herzens heraus und reiche es meinen Mitmenschen. Oft geben sie mir dann ein Stück ihres Herzens, das in die leere Stelle meines Herzens passt. Aber weil die Stücke nicht genau gleich sind, habe ich einige Kanten. Ich schätze sie sehr, denn sie erinnern mich an die Beziehungen, die wir geknüpft haben. Manchmal habe ich auch ein Stück meines Herzens gegeben, ohne dass mir der Andere ein Stück seines Herzens zurückgegeben hat. Das sind die leeren Furchen. Etwas von seinem Herzen anzubieten bedeutet, ein Risiko einzugehen. Auch wenn diese Furchen schmerzhaft sind, erinnern sie mich daran, was ich für diese Menschen empfinde. Ich hoffe, dass sie eines Tages zurückkehren und den Platz ausfüllen. "Erkennst du jetzt wahre Schönheit des Herzens?" Der junge Mann stand still da. Er griff nach seinem perfekten jungen und schönen Herzen und riss ein Stück heraus und bot es dem alten Mann an. Der alte Mann nahm es an und setzte es in sein Herz. Dann nahm er ein Stück seines alten vernarbten Herzens und füllte damit die Wunde im Herzen des jungen Mannes. Es passte nicht perfekt, da es einige ausgefranste Ränder hatte. Der junge Mann sah sein Herz an. Es war nicht mehr perfekt, aber schöner als je zuvor. (unbekannt, Netzfund)

Danke, dass DU dieses Buch bis zum Ende gelesen hast. Ich wünsche dir von Herzen alles Gute und viel Zeit für dich, damit du dich und deine Bedürfnisse nie aus den Augen verlierst. Bedanken möchte ich mich auch bei Brigitte und Diana, die uns Frauen im VitalJa eine große Familie geschaffen haben. Ein weiteres Danke geht an Nadine, von der Relax-Zone Bühl meiner zukünftigen Wirkungsstätte. Hier habe ich mich ebenfalls gleich zuhause und willkommen gefühlt. Last, but not least all die wunderbaren Frauen in meinem Leben, besonders Melanie und Marianne und wie immer meiner eigenen Familie. SCHÖN, DASS ES EUCH GIBT!

**Glossar:**

- Swami Sivananda, Yoga Meister (1887-1963)
- Asana, eine Yogahaltung
- Sanskrit - die Sprache, in der alle heiligen Schriften Indiens erstellt wurden. Sie gilt auch als die Muttersprache aller Sprachen.

**Weiterführende Literatur:**

Byron Katies "The Work" der einfache Weg zum befreiten Leben, Moritz Boerner, Goldmann Verlag 1999

Positives Denken von A bis Z - So nutzen Sie die Kraft des Wortes um ihr Leben zu verändern (mvgverlag) Neil James / Peter Gerlach / Vera F. Birkenbihl

Honigperlen: Warum dein Leben süsser ist, als du denkst , Pignitter Melanie

Liebe kann alles: Wie du mit deiner weiblichen Kraft zur Schöpferin deines Lebens wirst - Das Transformationsprogramm

Eva Maria Zurhorst

Gebundene Ausgabe – 11. November 2019

## Weitere Bücher der Autorin Ute Frank

- Lily, die Alltags-Yogini ein Yoga Roman, erschienen 4/2020
- Yoga - ein Pilgerweg zu mir
- Erwecke die Heldin in dir mit Yoga und Pilates, ein Weg zu Selbstvertrauen und innerer Stärke
- Die Heldin geht weiter - zu einem Leben in der eigenen Kraft
- Wege aus dem Stresszyklus mit Yoga und Pilates
- Die Yoga-Stadt - Yoga Geschichten für Kinder

alle Bücher sind erschienen bei BOD

**Links:**

https://bod.de - Verlag

https://world-of-oils.de - Aromaöle

https://utefrank.jimdofree.com - Meine Webseite

https://wiki.yoga-vidya.de - Yoga

www.wikipedia.de - Allgemein-Wissen

https://www.pinterest.de/pin/743656957196066467 (geführte Meditation)